MOVING AVERAGES

SEÑALES INCREIBLES PARA GANAR EN BOLSA

STEVE BURNS
HOLLY BURNS

Traducido por
MANUEL GARCIA RUIZ

MOVING AVERAGES 101

SEÑALES INCREIBLES PARA GANAR EN BOLSA

Steve Burns
Holly Burns

Traducido por
Manuel Garcia Ruiz
www.tradingpulsar.com
@tradingpulsar.com

Copyright 2018, Stolly Media, LLC.

Todos los derechos reservados. Ninguna parte de esta obra puede ser reproducida, distribuida o transmitida en cualquier forma o por cualquier medio, sin el consentimiento previo del editor, excepto en el caso de citas breves dentro de reportajes y/o críticas y otros usos no comerciales permitidos por las leyes de copyright.

Todos los gráficos amablemente proporcionados por **StockCharts.com**

EXECCION DE RESPONSABILIDAD

Este libro es meramente informativo y no debería ser usado como asesoramiento para inversión. Todos los traders deberían reunir información de múltiples fuentes y crear sus propios sistemas de trading. Los autores no asumen reclamaciones sobre el contenido del documento. Siempre consulte a un profesional antes de invertir su dinero. Por favor invierte con responsabilidad.

INTRODUCCIÓN

¿Cuando comencé en el trading?

Repasando mi vida, no recuerdo un momento en el que no estuviera interesado en los mercados. Cuando era un adolescente me fascinaban las tablas de rendimiento compuesto y la magia del crecimiento del capital a lo largo del tiempo. Antes de internet, recuerdo mirar en el periódico las cotizaciones de bolsa, y desde entonces, mi pasión por el trading y los mercados no ha hecho más que crecer.

He dedicado los últimos 20 años a la inversión y al trading. Mi deseo de triunfar en el trading me ha llevado a leer cientos de libros y a intentar aplicar lo que aprendí. Como la curva de aprendizaje fue tan escarpada, decidí crear un atajo para los nuevos traders; ese tipo de información que me hubiera gustado poseer cuando empecé.

Ese atajo es la plataforma NewTraderUniversity.com. He condensado todos los conocimientos clave que un nuevo trader necesita saber en formatos muy comprensibles, en libros o cursos online, lo que prefiráis. Mi objetivo es que el nuevo trader se ponga al día rápidamente e invierta exitosamente, con muy poco riesgo.

Espero que me deis la oportunidad de enseñaros cómo crear y

aumentar vuestro propio capital con el menor riesgo y stress posible. Será una de las cosas más gratificantes de vuestra vida. Para mí lo fue.

Steve Burns
@sjosephburns

Holly Burns
@hollyannburns

OPINIONES DE ALUMNOS

Pensé en un primer momento que la introducción de este libro fuera escrita por un trader profesional reconocido, pero me dí cuenta de que trata sobre vosotros, los estudiantes que están dedicando su tiempo y energía a ser mejores traders. Creo que lo mejor es escuchar a estudiantes que ya despegaron:

"He pasado más de un año estudiando intensamente los mercados, chartismo, tendencias, opciones, análisis técnico y fundamental. Intentando aprender de libros, varios DVDs con tutoría, webinarios y vídeos de internet. Estaba yendo de una operativa a otra, perdiendo más que ganando en la mayoría de las ocasiones. He visto vuestro curso online varias veces en los últimos días. Desde entonces, he desarrollado un plan de trading sólido. He elaborado un conjunto de reglas para lidiar con todo lo que me daba problemas. Muchas gracias por dedicar vuestro tiempo ayudando a que los nuevos traders salgan a flote en un mar atestado de tiburones! Que Dios os bendiga!"
   -Jeremy C. Rhodes

"Steve se ha superado a si mismo, lo que obtienes por el precio de New

Trader 101 es enorme. Aparte de centrarse en la gestión de riesgo, Steve también ofrece mucha información sobre análisis técnico. Tiene un don increíble para hacer accesibles conceptos farragosos, y frecuentemente comparte operativas reales mientras explica el "porqué" detrás de las mismas. El Pro Forum es esclarecedor en el sentido de que puedes aprender de las preguntas de otros, a diferencia de las plataformas de enseñanza de centros educativos tradicionales que ofrecen clases online. Voy a renovar mi suscripción por muchos años."

-Jim Stewart

-Tras finalizar el curso online, he ganado confianza para construir mi plan de trading y ejecutarlo. El New Trader 101 Pro Forum es otra arma para añadir al arsenal. Las sesiones de preguntas y respuestas han sido esclarecedoras, y poder crear mi propio hilo para mi diario de trading es realmente útil. Tengo comunicación directa contigo como si estuviera operando en directo. Se trata de eso. Muchas gracias!"

-Afif

-"Toda tu guía me ha ayudado inmensamente. Lo que he aprendido me ha dado una base que me acompañará mientras siga operando. La parte del sistema de trading dedicada a la gestión de riesgo, por si misma, ha dado beneficios. Tus respuestas o referencias ante cualquier pregunta han sido muy útiles. Comprender el "porqué" de mis operativas ha relajado mi mente, es increíble. Gracias."

-Fred Robles

1
¿QUÉ ES UNA MEDIA MÓVIL?

"Yo siempre analizo mis gráficos y las medias móviles antes de entrar en una operativa. ¿Está el precio encima o debajo de la media móvil? Esto funciona mejor que cualquier otra herramienta que tenga. Intento no ir contra las medias móviles, es autodestructivo." – Marty Schwartz

En este capítulo aprenderemos:

- Qué es una media móvil
- Qué tipos de medias móviles existen
- Cuál es la manera de usarlas como indicador técnico
- Sobre qué marcos temporales se pueden usar
- Cuáles son las más útiles que he encontrado

Una media móvil será el precio medio para un activo financiero referido a un marco temporal concreto. Nos ayuda a suavizar la acción del precio y centrarnos en donde está la tendencia en relación a un precio medio, respecto al marco temporal de cada trader.

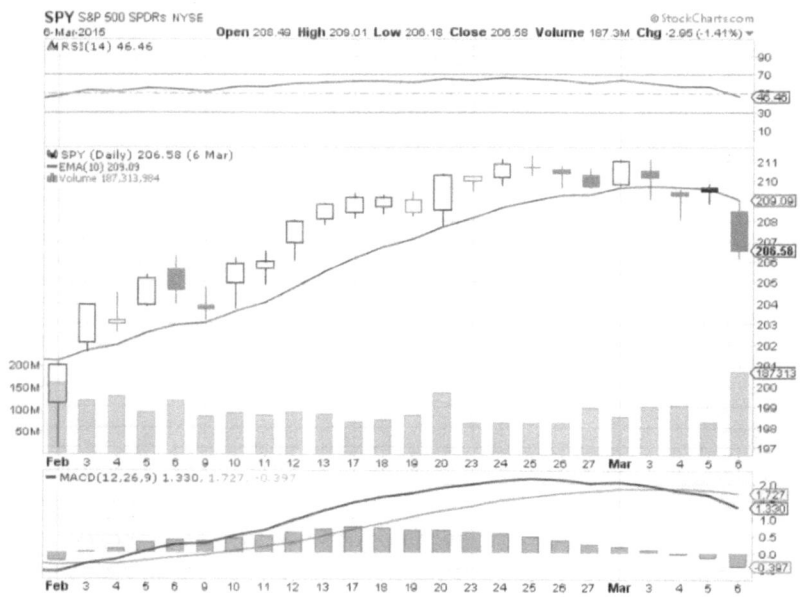

Chart Courtesy of StockCharts.com

Las medias móviles son herramientas técnicas usadas en los gráficos para detectar las tendencias. Pueden ser usadas individualmente o en conjunción con otros indicadores técnicos como el MACD, el RSI, niveles de soporte y resistencia o incluso con otras medias móviles. Asimismo, las medias móviles son elementos básicos para otros indicadores técnicos como las Bandas de Bollinger, el MACD y el Oscilador McClennan.

Una media móvil simple (Simple Moving Average o SMA) es un indicador que muestra una línea en un gráfico, basada en el cálculo del precio medio de un activo financiero sobre un período de tiempo preestablecido. Una media móvil de 5 días es el precio medio sobre un período de 5 días. Si un activo tiene un valor al cierre en los últimos 5 días en $100, $101, $99, $98 y $102, la media móvil de 5 días será $100.

$100+$101+$99+$98+$102= $500/5= $100

Lo anterior muestra como el valor medio de los últimos 5 días fue $100. Una media móvil simple da igual peso e importancia a todos los valores en el período de tiempo.

Una media móvil exponencial (Exponential Moving Average o EMA) da mayor relevancia a los precios recientes para ser más rápida y sensible a la hora de ajustarse a la acción del precio, proporcionando así a los traders señales de entrada y salida más rápidamente que una media móvil simple.

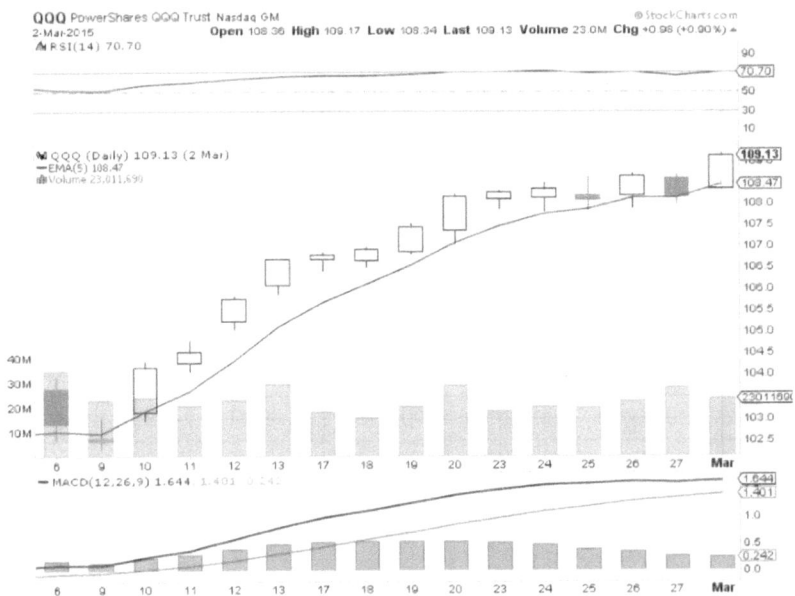

Chart Courtesy of StockCharts.com

Una media móvil ponderada (Weighted Moving Average o WMA) asigna un factor de ponderación a cada precio en el período de precios de cálculo, de acuerdo a su antigüedad. Los datos más recientes tienen más ponderación, y esta va disminuyendo según son más antiguos. Por lo tanto, este tipo de media móvil da más valor a los precios más recientes.

No os obsesionéis con la importancia o las diferencias de estos tipos de medias móviles. A largo plazo, los principios de vuestro trading y la calidad de vuestras señales serán los que os darán beneficios, más allá de qué tipo de media móvil sea "la mejor". La clave es identificar y aprovechar las tendencias con las medias móviles que escojamos para nuestro propio marco temporal.

Las medias móviles son unas poderosas herramientas para usarlas en vuestro trading. Son excelentes para buscar pistas que nos indiquen qué niveles son zonas claves de soporte y resistencia y para identificar tendencias. Y tienen mucha relevancia porque son usadas como indicadores técnicos de manera que marcan niveles sobre los que operar, y en el trading sistemático, señales de entrada y salida. Las medias móviles son indicadores tendenciales imparciales, muestran hechos cuantificables, mientras que las líneas de tendencia son subjetivas.

En cuanto a los marcos temporales, las medias móviles pueden ser usadas en todos, intradiarios, diarios, semanales y mensuales. Los traders intradía pueden ver como el precio reacciona a ciertos niveles a través de ellas. Una media móvil simple de 5 períodos en gráfico diario puede encontrar, por ejemplo, un soporte intradiario. Los traders también pueden buscar una confluencia de marcos temporales, en donde soportes claves son alcanzados en gráficos diarios y semanales simultáneamente, para obtener señales de entrada con alta probabilidad de éxito debido a las señales múltiples.

En este libro me centraré en como yo opero usando las medias móviles simples y exponenciales en gráficos diarios, pero los principios son los mismos para el resto de marcos temporales. Recordad que mientras más pequeño el marco temporal, más están sujetos los precios al ruido y a la naturaleza aleatoria de los compradores y vendedores en los mercados. Mientras más subamos de marco temporal, más claramente podremos ver las tendencias y los patrones de acumulación y distribución de un mercado, cerca de medias móviles claves.

Los indicadores tendenciales más sencillos son las medias móviles. En las tendencias alcistas, los precios tienden a estar sobre una media móvil relevante. En las tendencias bajistas, los precios normalmente están por debajo. La primera posibilidad de cambio en una tendencia se produce cuando el precio cruza al otro lado de la media móvil sobre la que ha estado previamente en tendencia. Las tendencias bajistas se invierten cuando el precio cruza hacia arriba sobre una media móvil, y las alcistas lo hacen cuando el precio cae por debajo de una media móvil.

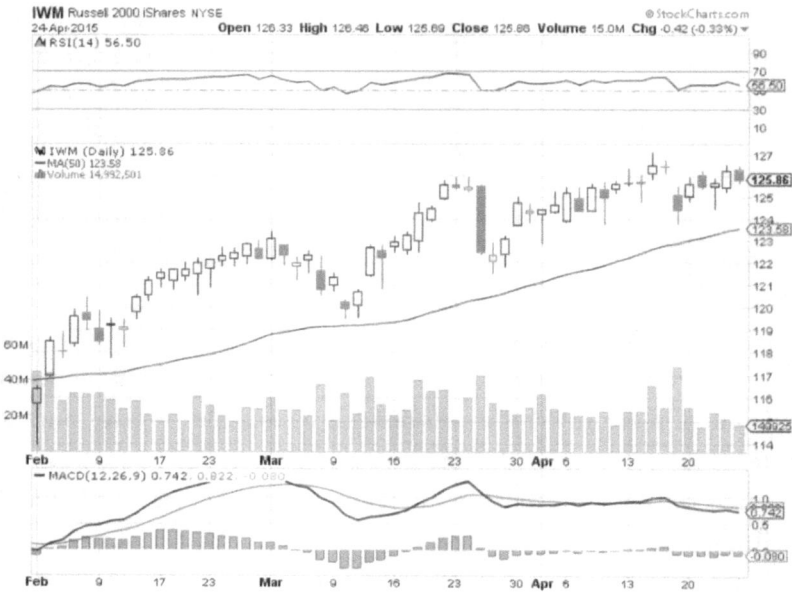

Chart Courtesy of StockCharts.com

Aquí está mi guía. Esto es lo que cada media móvil significa para mí, y como las uso para operar:

- **Media móvil exponencial de 5 días**: Esta es una señal de fuerte momentum. Rastrea la tendencia en el marco temporal de corto plazo y es soporte en las tendencias alcistas más fuertes. Esta media solo puede usarse en tendencias de baja volatilidad con fuerte momentum. Una ruptura por encima de esta línea para mí significa que la tendencia alcista puede reanudarse. Particularmente yo la uso como un stop de seguimiento (trailing stop) al final de la sesión. Es habitual que esta línea sea cruzada en el intradía, incluso en los mercados con tendencias más fuertes.

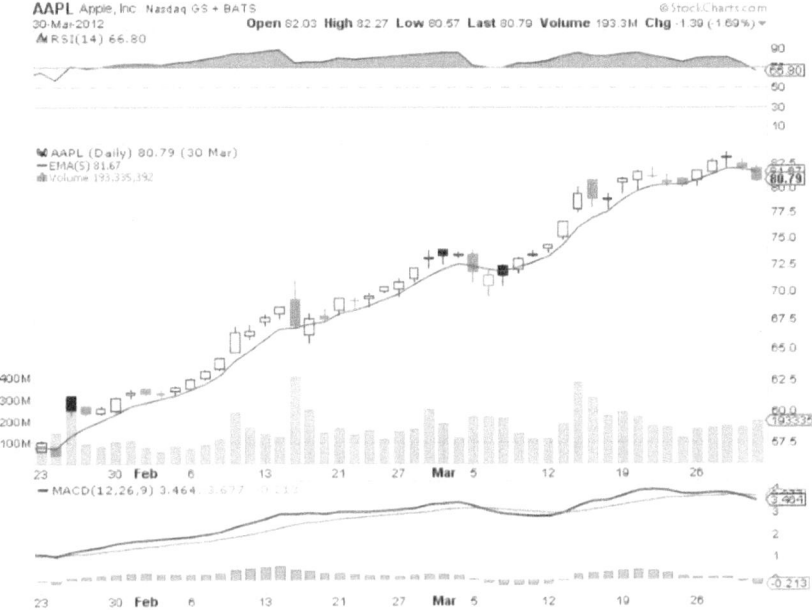

Chart Courtesy of StockCharts.com

- **Media móvil exponencial de 10 días:** de las mejores para manteneros en el lado correcto de la tendencia principal del mercado. Habitualmente es la primera que es perforada antes de que los problemas reales empiecen. Puede ser usada autónomamente en acciones y mercados que tiendan a estar en tendencias fuertes durante largos períodos de tiempo.

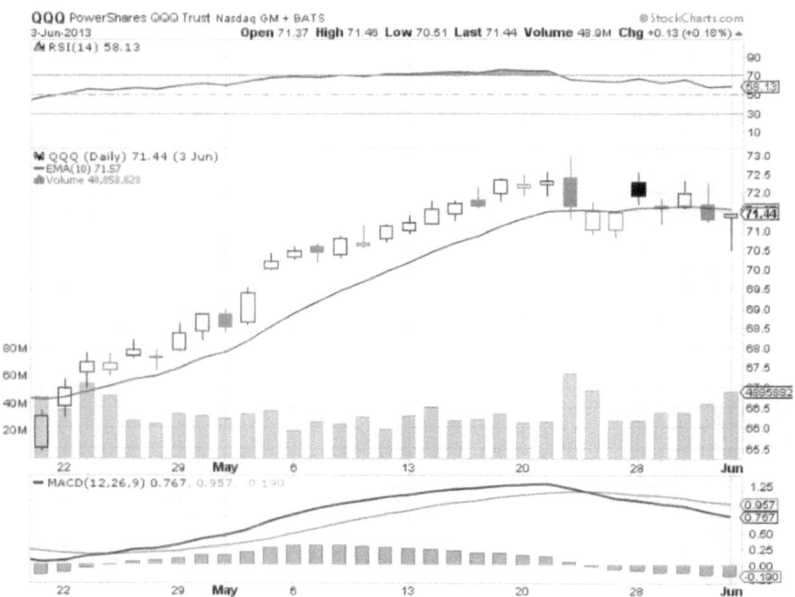

Chart Courtesy of StockCharts.com

- **Media móvil exponencial de 21 días:** se trata de una importante media móvil de medio plazo. Generalmente es la última línea de soporte en una tendencia volátil. Para mí es la inevitable reversión a la media cuando retrocede después de una larga tendencia.

Chart Courtesy of StockCharts.com

- **Media móvil simple de 50 días:** las acciones líderes en un mercado retroceden típicamente a esta media. Es el nivel de soporte para tendencias fuertes y es habitual el retroceso a su nivel de soporte, siendo un gran nivel para comprar en retrocesos.

Chart Courtesy of StockCharts.com

- **Media móvil simple de 100 días:** esta media proporciona el soporte entre las de 50 y 200 días. En el caso de que no aguante como soporte, hay una alta probabilidad de que la siguiente parada sea la media simple de 200 días. Es el nivel de retroceso más profundo en mercados y tendencias alcistas, presentando normalmente un gran ratio riesgo/recompensa.

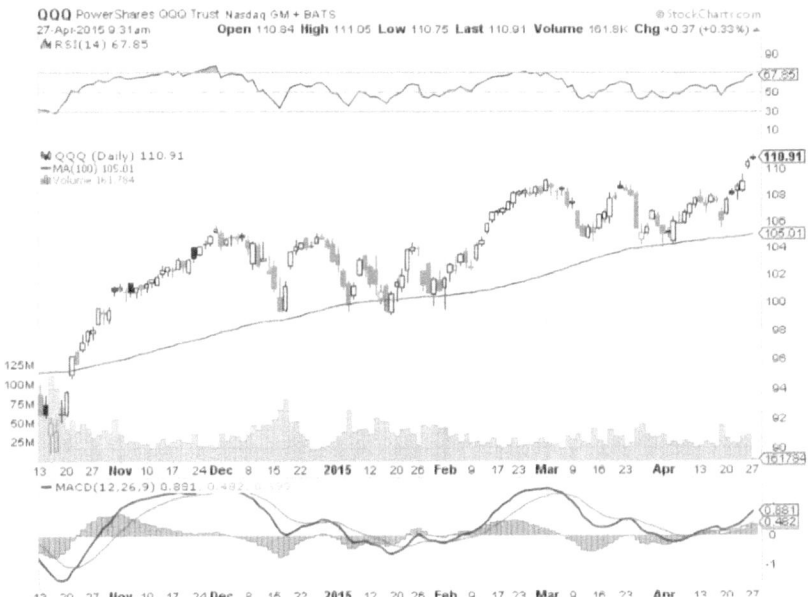

Chart Courtesy of StockCharts.com

- **Media móvil simple de 200 días:** los alcistas suelen comprar en caídas cuando los mercados están sobre esta media, mientras que los bajistas venden en las subidas por debajo de ella. Los primeros compran en los retrocesos si el precio permanece por encima de esta media, y los segundos obtienen beneficios operando debajo de ella al actuar como nivel de resistencia de largo plazo. Esta media es una de las señales más grandes en un mercado al indicar en qué lado del mismo debemos estar. Alcistas arriba, bajistas abajo. Nada bueno espera a las acciones y mercados cuando se cruza hacia abajo esta media.

Chart Courtesy of StockCharts.com

Recordad:

- Las medias móviles no son el Santo Grial del trading. Son herramientas que ayudan al trader a detectar una tendencia en su propio marco temporal
- Las medias móviles funcionan mejor en mercados con poca volatilidad. Mientras más volátil sea un mercado menos eficacia tendrán, al tomar las emociones de los participantes en el mercado el control del mismo
- Las medias móviles tienen utilidad debido a que son usadas por muchos participantes en los mercados
- Las medias móviles son la media de precios pasados, no son predictivas, sino una manera de visualizar la tendencia actual

- Las medias móviles son herramientas reactivas de análisis técnico

Qué hemos aprendido:

- Una media móvil es una media de precios sobre un periodo de tiempo concreto
- Las hay simples, exponenciales, y ponderadas
- Sirven para filtrar el ruido del mercado y ayudan a identificar tendencias
- Pueden ser usadas en todos los marcos temporales, intradiarios, diarios, semanales y mensuales
- Yo uso las siguientes medias móviles en gráficos diarios: exponenciales de 5, 10 y 21 días, y simples de 50, 100 y 200 días

2
CÓMO USAR LAS MEDIAS MÓVILES

"Tengo una regla predominante, y es que si una acción está por encima de la media de 200 días yo estoy largo, y si está por debajo, no compro o me pongo corto, fin de la historia, dejo que todo gire alrededor." – Paul Tudor Jones

En esta lección aprenderemos:

- Trading con medias móviles en lugar de con fundamentales
- A usar las medias móviles como una herramienta reactiva del análisis técnico
- Entrar en operativas usando las medias móviles
- Salir de operativas usando las medias móviles
- Capturar las tendencias con las medias móviles

Mientras que el análisis fundamental consiste en el estudio del valor potencial de un mercado, el análisis técnico es el estudio del comportamiento de los participantes que operan en dicho mercado. Los inversores se centran principalmente en métricas de evaluación para un activo, mientras que los traders fundamentalmente operan la acción del precio.

Muchos inversores analizan los ratios de precio/beneficios, crecimientos de ventas, crecimientos de beneficios, y la oferta y demanda cuando tratan de evaluar los mercados. Los traders técnicos analizan la acción del precio en los gráficos para ver en qué niveles de precio están comprando y vendiendo otros participantes del mercado. Las medias móviles son un filtro del precio para los traders, que así consiguen una visión más amplia de las tendencias que observando tan solo con el precio.

Vuestro objetivo como traders es desarrollar maneras de aprovechar las tendencias dentro de vuestro marco temporal, a través de métodos cuantificados basados en principios contrastados y testeados en estudios del mercado. Las medias móviles son una de las mejores herramientas para esto, su incorporación como señales de trading elimina muchas de las emociones y opiniones que suelen causar problemas a los traders.

Las medias móviles son excelentes guías para entradas, salidas, fijar el tamaño de posición y proveer un filtro para observar el comportamiento de compradores y vendedores en un mercado.

El precio es el resultado de un acuerdo entre el comprador y el vendedor en un determinado momento. Vuestro propósito debe ser estar en el lado correcto de las medias móviles claves mientras un mercado o un activo está en fase de acumulación o distribución, en vuestro marco temporal de trading.

El trading rentable es el resultado de tomar mejores decisiones que la mayoría de traders que están en el lado equivocado de una media móvil clave en vuestro mercado.

Algunas señales cuantificables para entrar en operativas:

- Señal de compra por momentum en intradía cuando el precio supere una media móvil relevante en gráficos diarios
- Señal de compra al final de la sesión cuando el precio rompe y cierra por encima de una media móvil relevante en gráficos diarios
- Señal de compra para la próxima sesión cuando el precio rompa y cierre por encima de una media móvil relevante en gráficos diarios desde el cierre anterior
- Comprar en soporte cuando el precio retrocede y se mantiene sobre una media móvil relevante
- Comprar cuando el precio se da la vuelta y rompa por encima de una media móvil relevante después de estar en el otro lado, en una tendencia bajista
- Comprar en un retroceso a una media móvil que actúe de soporte en una tendencia
- Vender ante una media móvil que actúe como resistencia en una tendencia bajista
- Comprar cuando una media móvil es cruzada desde abajo por una de marco temporal inferior
- Vender cuando una media móvil es cruzada desde arriba por una de marco temporal superior

Posibles maneras de colocar un stop loss después de una entrada:

- En una media móvil relevante que no aguanta como soporte para una posición alcista.
- En una media móvil relevante que ha actuado como resistencia y es perforada en una posición bajista
- Un trader tiene más posibilidades de mantenerse en una operativa si fija su stop un pequeño porcentaje por debajo de una media móvil relevante, para evitar situarlo en los niveles obvios que están siendo alcanzados

- Stop de final de sesión colocado para actuar si el precio cierra en el lado equivocado de vuestra media móvil relevante
- Stop para la siguiente sesión siempre preparado por si en la apertura vuestra media móvil relevante es perforada
- En un cruce de medias móviles

Posibles maneras de colocar un trailing stop:

- Si habéis entrado en una operativa de acuerdo a una media móvil de largo plazo como las de 100 o 200 días, y existe un beneficio importante, podemos subir el stop hasta las medias de 5 o 10 días
- Colocar el trailing stop en una pérdida del máximo o mínimo del día anterior

Salir con beneficios:

- Cuando el precio cruza de nuevo hacia abajo vuestra media móvil inicial después de haber aprovechado una tendencia rentable
- En una entrada basada en una media móvil el RSI puede ser usado para salir con el máximo beneficio
- Considerad salir de una posición cuando exista sobrecompra o sobreventa
- También cuando una banda de bollinger sea traspasada.
- Si vuestro objetivo de beneficios es alcanzado

Recordad:

Las señales de entrada por momentum están basadas en el comienzo de un fuerte movimiento que rompe un rango operativo de corto plazo. Las operativas de momentum están basadas en el principio de máximos ascendentes y mínimos descendentes en un nuevo rango operativo y una nueva tendencia. La operativa de momentum es generalmente de corto plazo, por definición los traders de momentum buscan obtener beneficios de un movimiento y del seguimiento de su impulso. Para esto se usan las medias móviles exponenciales de 5 y 10 días.

Una operativa tendencial es aquella donde se entra con la tendencia por la que fluyen los mercados con máximos y mínimos ascendentes, o máximos y mínimos descendientes, en nuestro propio marco temporal. Las medías móviles también sirven para detectar las tendencias, observando si en el gráfico están ascendiendo o descendiendo. Para esto se usan las medias móviles de 50 y 100 días, que identifican largas tendencias de semanas y meses.

Una operativa de seguimiento de tendencia intenta aprovechar la totalidad de la misma, y dará beneficios siguiendo estos movimientos que pueden durar incluso años, que los traders intentan aprovechar. Éstos también suelen salir del mercado cuando las tendencias comienzan a debilitarse, y obtienen beneficios poniéndose cortos en tendencias bajistas. Para muchos de ellos la clave es la media de 200 días.

Las medias móviles no son muy útiles para operativas de swing trading en mercados con poca volatilidad, pero si que lo son para operar tendencias o movimientos amplios en tendencias de largo plazo. Algunos traders buscan señales de que una media móvil está comenzando, en su marco temporal, a girarse al alza o a la baja, considerándolo un indicio de que una tendencia comienza, continúa o cambia. No hay medias móviles mágicas que siempre nos permitan obtener beneficios, existen aquellas que podremos aprovechar durante tendencias, de acuerdo a nuestra propia personalidad, tolerancia al riesgo y marco temporal.

Cada trader debe decidir como incorporar las medias móviles a su propio sistema de trading y marco temporal. Su mayor utilidad es la identificación de tendencias, los trailing stops tras entrar al mercado se colocan de acuerdo a otros parámetros técnicos. Una media móvil no es una señal suficiente por sí misma para crear sistemas de trading, sino una de las muchas herramientas que un trader tiene a su disposición. Pero si es posible usar medias móviles como una señal autónoma para operar acciones individuales o materias primas que están bajo una fuerte acumulación o distribución, si cortamos las pérdidas rápido y dejamos correr las ganancias.

El mayor enemigo del trading con medias móviles de corto plazo en gráficos diarios es la alta volatilidad, porque en este caso no son respetadas durante las expansiones del rango del precio, y pueden causar muchas operativas perdedoras antes de lograr una ganadora. Usar medias móviles de más largo plazo como las de 50, 100 o 200 días es una manera de filtrar gran parte del ruido presente en los gráficos diarios e intradiarios, pero el trader debe aceptar mayores pérdidas en su cuenta durante los periodos de alta volatilidad, incluso en las más fuertes tendencias de largo plazo.

Las medias móviles pueden ser la herramienta más valiosa de vuestro arsenal de recursos de trading si las usáis para determinar vuestras entradas y salidas en el entorno de un sistema robusto. Son una de las maneras más fáciles y rápidas de identificar la tendencia en marcos temporales específicos.

En este libro explicaré, más adelante, cómo las uso en mi estrategia de trading.

Qué hemos aprendido:

- Las medias móviles pueden mostrar a los traders e inversores el comportamiento de los participantes del mercado al comprar y al vender
- Pueden usarse para identificar la tendencia que están siguiendo los precios
- Se pueden también usar para determinar decisiones operativas basadas en la tendencia de previos movimientos del precio
- Las roturas de medias móviles pueden ser usadas como señales de momentum tanto de compra como de venta

- Los niveles clave de soporte de medias móviles pueden ser usados como oportunidades para comprar en retrocesos
- Las medias móviles asimismo pueden ser usadas para establecer stops loss y trailing stops
- Finalmente, pueden ser parte de un sistema de trading cuando las más relevantes aplicables un mercado sean comprendidas en profundidad

3

MEDIA MÓVIL EXPONENCIAL DE 5 DÍAS (MOMENTUM)

"Las medias móviles son mis gurús" – Larry Tentarelli

En este capítulo aprenderemos:

- Cuál es el mejor uso para la media móvil exponencial de 5 días
- En qué mercados funciona mejor
- Cuándo no es aconsejable usarla
- Qué peligros tiene
- Algunos ejemplos

La media móvil exponencial de 5 días (5-day EMA) es usada como una buena herramienta por muchos traders que operan en base a reglas discrecionales. Esta media no da buenos resultados como un indicador autónomo, pero puede ser muy útil en conjunción con otros indicadores técnicos para entradas, salidas y trailing stops al final de la sesión.

La media móvil exponencial de 5 días puede ser usada:

- Como un indicador de momentum de corto plazo para aprovechar unos días de la tendencia cuando el precio rompe por encima de esta
- Como señal para entrar cortos si el precio, tras haber superado repentinamente la media móvil durante unas semanas, vuelve a caer por debajo de ella
- En conjunción con el RSI para entradas y salidas, evitando entradas alcistas en mercados sobrecomprados o bajistas en mercados sobrevendidos. Los activos subyacentes pueden variar, así que debéis estudiar los gráficos en vuestros mercados para ver en qué niveles del indicador son históricamente útiles
- En el marco temporal diario para mostrar la tendencia de corto plazo, alcista si el precio está por encima, bajista si está por debajo
- Como trailing stop al final de sesión después de entrar en una operativa por una señal de una media móvil de más largo plazo. Podeis operar usando la media móvil simple de 200 días, y usar la de 5 días para salir y asegurar beneficios si se pierde y no se vuelve a recuperar al final de la sesión
- También como trailing stop para dejar correr los beneficios en una tendencia a la que se ha entrado en base a otro tipo de señal

Por ejemplo:

Podeis entrar después de una rotura sobre la media móvil simple de 200 días con un stop de final de sesión en un cierre por debajo de dicha media. Luego, si el precio rompe sobre la media móvil simple de 50 días, moved vuestro stop a un cierre por debajo de esta media.

Después a la exponencial de 10 días, y por último, a un cierre por debajo de la exponencial de 5 días.

Podeis asegurar los beneficios y no soportar la pérdida de mantener una operativa mientras vuelve a su media simple de 200 días, saliendo y preservando lo ganado.

Chart Courtesy of StockCharts.com

Esta media es magnífica para utilizarla como trailing stop en una operativa que vaya a nuestro favor sobre roturas de las medias simples de 50 o 200 días. Esto funciona en mercados con tendencias fuertes, que rompen tras un largo periodo de consolidación del precio, y que se mueven sobre una media móvil de largo plazo relevante.

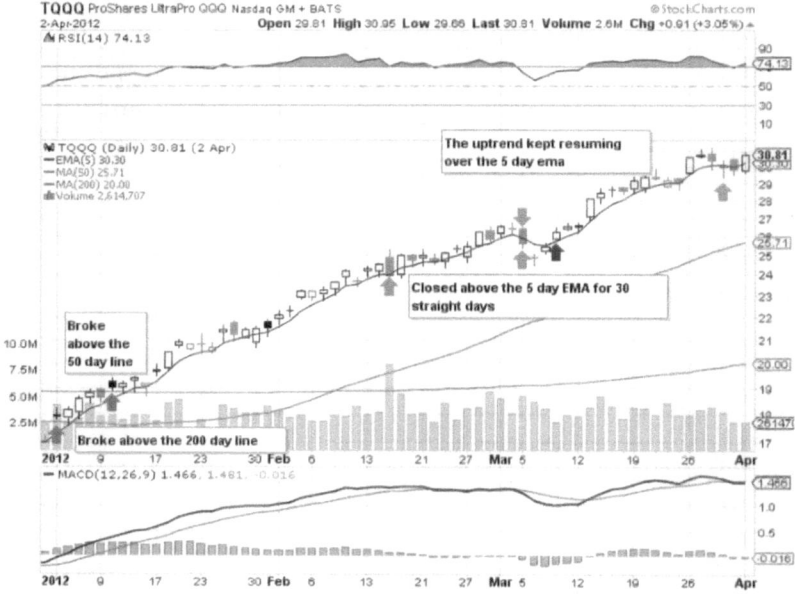

Chart Courtesy of StockCharts.com

Después de una tendencia bajista con clara sobreventa, un giro contundente sobre la media móvil exponencial de 5 días puede ser una señal de giro al alza con momentum si el precio cierra de nuevo sobre una media móvil de largo plazo relevante.

Chart Courtesy of StockCharts.com

En las tendencias bajistas, esta media puede actuar como un nivel de resistencia de final de sesión. Es una manera muy adecuada de colocar trailing stops en una operativa ganadora después de entrar corto en una acción que pierde su media móvil de 200 días, y comienza muy probablemente una tendencia bajista con fuerte distribución.

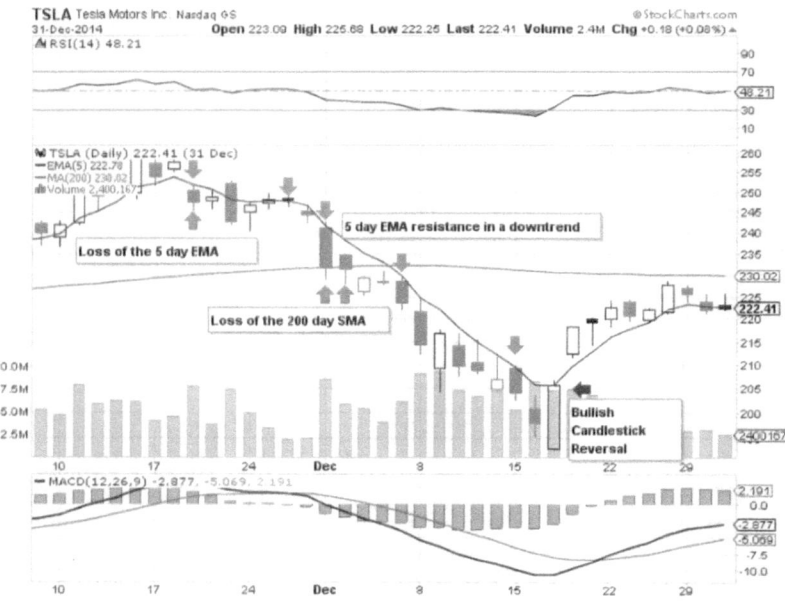

Chart Courtesy of StockCharts.com

La media móvil exponencial de 5 días no es útil en mercados que están atrapados en un rango operativo, no siguen una tendencia, o penetran esta media cada día. La expansión de los rangos es debida a la incertidumbre en la dirección del precio, y por ello no se respeta esta media mientras el precio está definiéndose.

MOVING AVERAGES 27

Chart Courtesy of StockCharts.com

Recomendaciones para usar la media móvil exponencial de 5 días:

- Es conveniente utilizarla después de una señal de momentum como una rotura sobre un rango de precios relevante, una vela muy alcista, un gap, o un cierre posterior sobre una media móvil de largo plazo relevante como la de 50 o 100 días
- Es excelente para usar en sistemas de cruces de medias móviles que veremos más adelante
- Es preferible usarla en gráficos donde el precio está en un lado o en otro de la misma durante varios días o semanas, esto indica que está siendo respetada, y que estamos ante una fuerte acumulación o distribución en un mercado

Sed conscientes de que, en la mayoría de los casos, los mejores marcos temporales para operar con esta media son los de 5 o 10 días. Es importante recoger beneficios si el precio se dispara muy por encima de esta media, porque normalmente va a regresar a ella, y las tendencias fuertes duran entre unas semanas y un mes. La mejor manera de cerrar posiciones es usar osciladores que muestren la sobrecompra o la sobreventa, o las bandas de Bollinger. Todo esto lo veremos más adelante.

Qué hemos aprendido:

- La media móvil exponencial de 5 días nos va a servir como un indicador de fuerte momentum, como un trailing stop después de que una larga tendencia rompa una media móvil de más largo plazo, y como un stop de final de sesión operando tendencias
- Mientras usamos stops para el final de la sesión, es crucial que nuestro tamaño de posición sea lo suficientemente pequeño como para que no perdamos más del 1% de nuestro capital total si la media móvil exponencial de 5 días se pierde y la volatilidad se dispara inesperadamente
- Hay que estar preparados para actuar con stops de emergencia si la volatilidad se expande lo suficiente como para causar una pérdida superior al 1% de nuestro capital de trading intradiario
- La media móvil exponencial de 5 días funciona mejor en tendencias fuertes con momentum, y puede ser usada tanto en tendencias bajistas como en alcistas
- Esta media no es útil en mercados que se mueven en rangos estrechos o cuando los precios son muy volátiles
- No se puede usar como un indicador autónomamente debido a que es una herramienta para mercados con fuertes tendencias. Operar solamente con esta media móvil os llevará a sobreoperar y a rachas de pérdidas

cuando los mercados no muestren una tendencia clara o se vuelvan volátiles. Debemos limitar la cantidad de operativas que hacemos mensualmente para controlar cuantas pérdidas podemos asumir, y solamente escoger las estrategias con más potencial.

4

MEDIA MÓVIL EXPONENCIAL DE 10 DÍAS (TENDENCIAS DE CORTO PLAZO)

"La media móvil exponencial de 10 días (10-day EMA) es mi indicador favorito para determinar la tendencia principal. La denomino "luz roja, luz verde", porque en el trading es imperativo mantenerse en el lado correcto de una media móvil para lograr las mayores posibilidades de éxito. Cuando operas sobre la media móvil de 10 días tienes la red verde, el mercado está en modo positivo, y deberías considerar comprar. Inversamente, cuando operamos debajo de la media tenemos luz roja. El mercado está en modo negativo y deberías considerar vender." – Marty Schwartz

En este capítulo aprenderemos:

- A usar la media móvil exponencial de 10 días como una herramienta técnica reactiva
- Su efectividad detectando tendencias
- Cómo filtrar su uso

- Cómo mantenernos en el lado correcto del mercado
- Sus inconvenientes

Esta media móvil es una media rápida, y por lo tanto mantiene al trader en el lado correcto en mercados que no tienen grandes rangos diarios que la traspasen repetidamente en el gráfico de esa temporalidad.

Usando la media móvil exponencial de 10 días

- Puede ser usada indistintamente en tendencias alcistas y bajistas, se puede optar por posiciones largas cuando el precio cruza hacia arriba la media desde abajo o abrir posiciones cortas cuando el precio la cruza desde arriba hacia abajo
- Los beneficios de esta media móvil vendrán siguiendo tendencias durante varios días para obtener grandes ganancias y tomando pequeñas pérdidas rápidamente cuando sea perforada
- Es crucial evitar operar cuando el mercado no esté respetando la media durante un período de varios días
- Comprar una rotura de momentum sobre esta media móvil incrementa las posibilidades de una tendencia
- Operarla sobre la tendencia en gráficos diarios con stops de final de sesión puede evitar que salten stops prematuramente si es perforada pero el precio no cierra por debajo de la misma
- Cuanta más volatilidad menos útil es esta media móvil
- Solamente podemos usarla como una señal de entrada alcista si la tendencia de largo plazo es confirmada por la media simple de 200 días, o como señal de entrada bajista si el precio en la tendencia se sitúa por debajo de dicha media móvil.

La media móvil exponencial de 10 días puede manteneros operando en el lado correcto del mercado durante tendencias de corto plazo y movimientos de precio varios días seguidos. La probabilidad de aprovechar una tendencia aumenta cuando una combinación de medias móviles es quebrada, como la que se compone de la media móvil exponencial de 10 días y simple de 50 o 200 días.

Chart Courtesy of StockCharts.com

Podeis ver como esta media pudo mantener en el lado correcto del mercado a los traders durante varios días seguidos. Usándola es aconsejable proteger beneficios utilizando osciladores cuando los precios van mucho más allá de ella. En el RSI los niveles de 30 y 70 son indicados para ello, en posiciones bajistas y alcistas respectivamente.

Por ejemplo, Apple rompiendo sobre la media móvil simple de 50 días y la exponencial de 10 días, luego dándose la vuelta y quedando por debajo. En la siguiente sesión un gap de apertura lleva de nuevo la acción sobre las dos medias y comienza un rally de 21 días sobre la media móvil de 10 días.

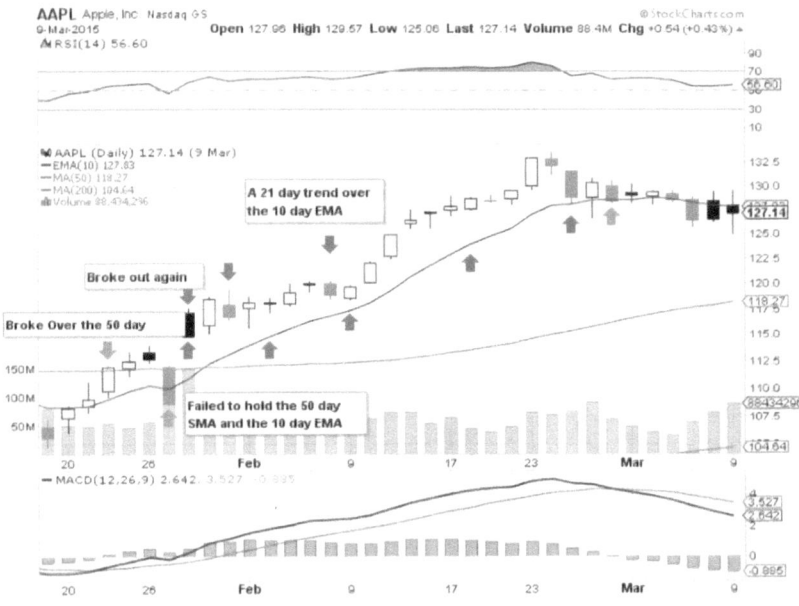

Chart Courtesy of StockCharts.com

Muchas tendencias comienzan con algún evento de momentum: un gap en los precios, una rotura sobre una media móvil de largo plazo, o una vela alargada al comienzo de una tendencia.

Hay generalmente una señal de momentum explosiva antes de un movimiento importante en una acción o mercado, el cual tiene la suficiente fortaleza para colocar el precio en un lado de una media móvil de corto plazo.

Es importante permanecer en el lado correcto de una tendencia usando esta media móvil. Debemos cerrar posiciones cuando estemos, en posiciones alcistas, con niveles de RSI de 70, lo que nos permitirá salir de una operativa antes de que el mercado se mueva inevitablemente hacia las medias simples de 50, 100 o 200 días.

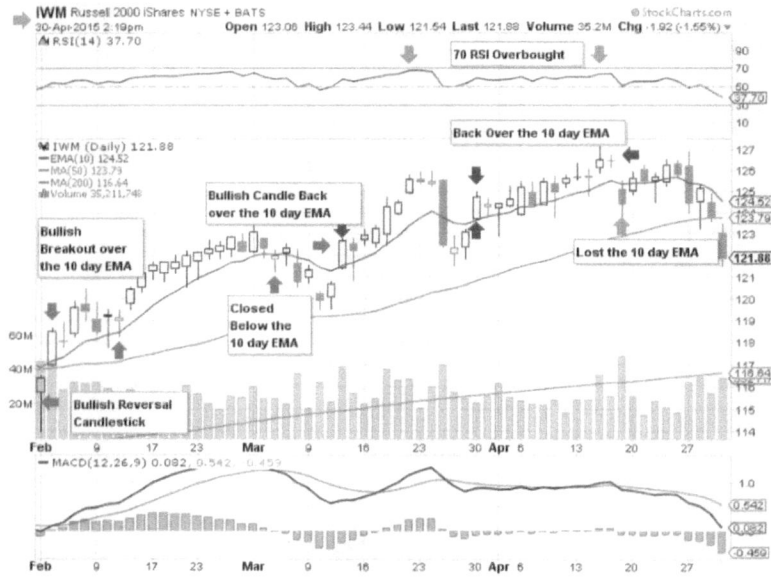

Chart Courtesy of StockCharts.com

Podemos elegir la manera en que protegemos beneficios. Si entramos en una rotura sobre la media móvil exponencial de 10 días una posibilidad es salir, maximizando beneficios, antes de que el precio retorne a dicha media. El final de una tendencia de corto plazo suele ser un giro rápido y desagradable. El nivel de 70 en el RSI es un buen nivel para salir y maximizar beneficios con índices y acciones de gran capitalización.

MOVING AVERAGES 35

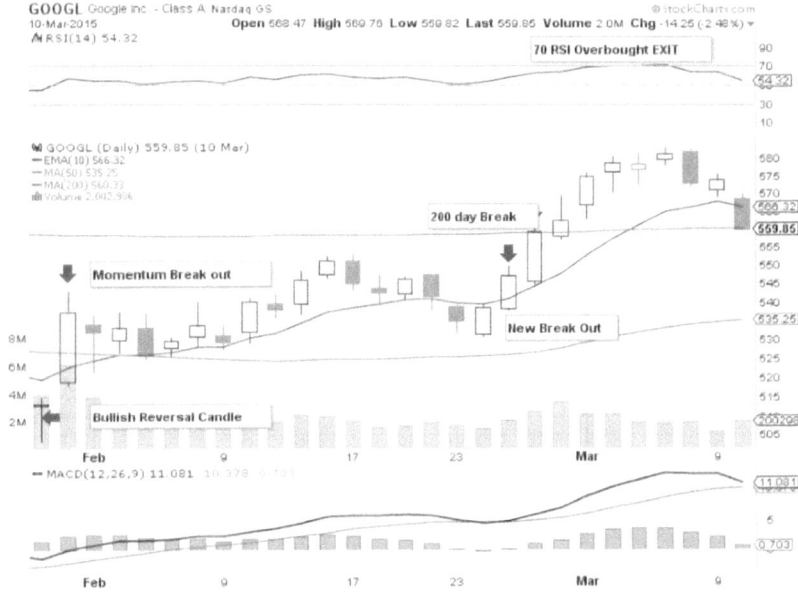

Chart Courtesy of StockCharts.com

Qué hemos aprendido:

- La media móvil exponencial de 10 días muestra la tendencia de corto plazo en un gráfico, y es mejor guía para operar que las opiniones
- Puede manteneros en el lado correcto de una tendencia del mercado durante días, semanas y meses
- Es una poderosa herramienta para aprovechar tendencias, y aumenta su eficacia dramáticamente cuando se combina con otros indicadores técnicos para señalar entradas y salidas
- Permanecer largo sobre esta media móvil y corto debajo de ella puede evitar a un trader muchos problemas
- Esta media móvil no se debe usar si está dentro de los movimientos intradiarios del precio por varios días

consecutivos. Debemos buscar momentum en movimientos del precio que cierren en un lado u otro de la media móvil durante varios días
- Las roturas con momentum sobre medias móviles de largo plazo relevantes son una buena oportunidad de iniciar una operativa usando la media móvil exponencial de 10 días como filtro de la tendenci

5

MEDIA MÓVIL EXPONENCIAL DE 21 DÍAS (SOPORTE DE RETROCESOS)

"Lo que queremos es tener siempre el control, nunca suplicar, siempre estar operando, y por encima de todo, proteger nuestro trasero. Precisamente por eso muchas personas pierden dinero como inversores o traders, porque no se centran en las posibles pérdidas. Necesitan fijarse en el capital que están arriesgando, en cuanto capital están poniendo en juego en cada inversión que realicen. Si emplearan el 90% de su tiempo en ello en lugar de fantasear sobre cuánto dinero van a ganar, serían inversores increíblemente exitosos." – Paul Tudor Jones

En este capítulo aprenderemos:

- La manera de usar la media móvil exponencial de 21 días (21-day EMA) como una herramienta técnica reactiva
- Su efectividad aprovechando tendencias
- Cómo filtrar su uso

- Cómo nos mantiene en el lado correcto de la tendencia del mercado
- Sus inconvenientes

La media móvil exponencial de 21 días señala la tendencia de plazo intermedio en el mercado. Concede a las operativas más espacio para moverse y "respirar", sin que los stops salten prematuramente debido a los movimientos a corto plazo del precio en intradía. En este ejemplo, podeis ver una tendencia de 29 días en $TSLA después de una rotura sobre la media móvil de 50 días. Comprar sobre la rotura de esta media con un stop de final de sesión bajo la exponencial de 21 días hubiera conseguido un movimiento de 45$ en $TSLA.

Chart Courtesy of StockCharts.com

La sacudida en la tendencia provocada por la oferta pública de venta podría haberse aprovechado simplemente usando la media móvil exponencial de 21 días como trailing stop al final de la sesión. Esta media móvil puede mantenernos en el lado correcto de una acción de gran capitalización tanto en tendencias alcistas como en bajistas.

Chart Courtesy of StockCharts.com

El gráfico de $TSLA muestra como cerró por debajo de esta media durante 16 días seguidos. Esto fue una evidencia de que no estábamos frente a una acumulación sino ante una distribución, no había necesidad de opiniones ni predicciones para verlo. Un trader que entrara corto cuando se perdió la media móvil exponencial de 21 días podría haber ido cubriendo su posición antes de la vela de giro alcista.

Chart Courtesy of StockCharts.com

Mientras usemos esta media móvil es importante utilizar una estrategia de salida que maximice los beneficios en lugar de esperar un retorno a la misma. El RSI es una herramienta que uso para salir de operativas en índices y acciones de gran capitalización. Cuando el precio se aproxima al nivel de 70 en el indicador, voy pensando en vender mi posición alcista, independientemente de la media móvil que esté utilizando. Esto se debe a que, en esos niveles extremos, el ratio riesgo/beneficio se ha deteriorado en la operativa actual, y las posibilidades de perder beneficios son más grandes que el potencial de continuación de la tendencia.

MOVING AVERAGES 41

Chart Courtesy of StockCharts.com

La media móvil exponencial de 21 días es una gran herramienta de seguimiento de tendencias que os puede evitar ser expulsados de un mercado o acción antes de tiempo, y maximizar las ganancias filtrando la mayoría del ruido intradiario.

Esta media móvil también puede ser usada como un filtro adicional para sistemas de trading de marco temporal inferior. Para los traders intradía, y para aquellos que usan medias móviles de menor plazo, una opción es entrar largos cuando el precio esté por encima de la media móvil exponencial de 21 días, y cortos cuando esté por debajo. Vender en resistencias y comprar en soportes intradiariamente usando medias móviles de corto plazo tiene más posibilidades de éxito si se hace en la dirección de la tendencia intermedia.

Chart Courtesy of StockCharts.com

Qué hemos aprendido:

- La media móvil exponencial de 21 días es una herramienta técnica reactiva que puede ser usada para definir la tendencia intermedia
- Esta media puede ser usada para aprovechar tendencias observando el lado de las mismas por el cual se está moviendo el precio
- También se puede usar como señal de entrada para operativas, y ser combinada con osciladores para obtenerseñales de salidas que maximicen beneficios
- Los precios cerrando consistentemente por debajo de esta media móvil muestran una sólida tendencia bajista intermedia
- Los precios cerrando consistentemente por encima de

esta media móvil muestran una sólida tendencia alcista intermedia
- La media móvil exponencial de 21 días no funciona como un indicador autónomo en mercados volátiles o con rangos estrechos, y necesita ser combinada con otros indicadores para una consistencia de resultados a largo plazo

6

MEDIA MÓVIL SIMPLE DE 50 DÍAS (LÍNEA DEFENSIVA DE LA TENDENCIA)

"Para un líder del mercado, la media móvil de 50 días, que calcula la media de cierre de precio durante las últimas 50 sesiones, pude actuar como un nivel de soporte durante una tendencia alcista y también como un nivel de resistencia durante una tendencia bajista. Si una acción rompe por debajo esta media con fuerte volumen y no se recupera, es a menudo una señal de que la demanda de compra está cesando y de que el movimiento de la acción está finalizando" – Ken Shreve

En este capítulo aprenderemos:

- En qué marco temporal se suele usar
- Cuáles son los usos más importantes
- Cuándo es normalmente soporte
- Cuándo es normalmente resistencia
- Qué inconvenientes tiene

La media móvil simple de 50 días puede manteneros en una acción growth (de crecimiento) que esté en un proceso de acumulación por parte de la mano fuerte durante meses. Para los inversores institucionales lleva tiempo acumular posiciones en las acciones, por lo que sus compras van a ir aumentando los precios. Dichas compras se muestran en los gráficos como fuertes tendencias, por encima de esta media móvil, durante meses.

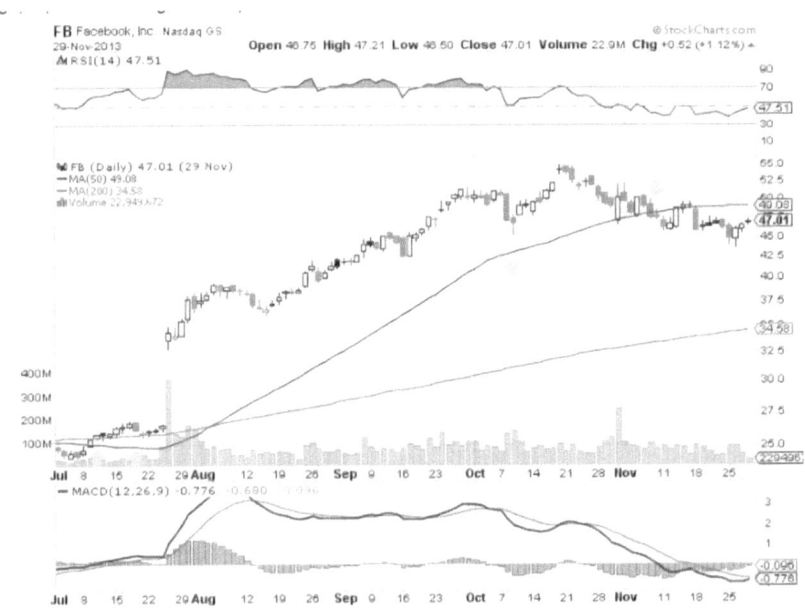

Chart Courtesy of StockCharts.com

Esta media móvil puede ser también usada como un filtro para estrategias que operen momentum y utilicen otras medias móviles e indicadores técnicos. Una posible regla de trading podría ser estar largo en una acción cuando el precio rompa sobre la media móvil exponencial de 10 días y a su vez se sitúe por encima de la simple de 50 días. Aplicando este filtro, no abriríamos posiciones largas en una acción que esté sobre la primera media a no ser que se cumpliera el segundo requisito.

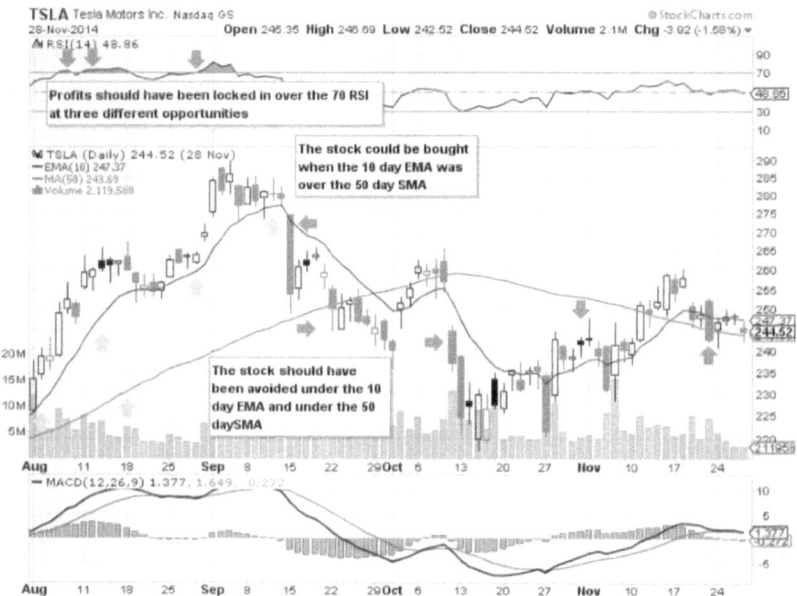

Chart Courtesy of StockCharts.com

Una acción cuyo precio se sitúe por debajo de la media móvil simple de 50 días muy posiblemente se encuentre en fase de distribución, por lo que para abrir una posición alcista tendremos más posibilidades si el precio está por encima de la media móvil exponencial de 10 días con acumulación de corto plazo, y sobre la media móvil simple de 50 días con acumulación de más largo plazo. Una acción de gran capitalización encontrará compradores en esta última media mientras está en fase de acumulación durante un mercado alcista.

Chart Courtesy of StockCharts.com

Recordad:

- En las mayores acciones de gran capitalización esta media móvil puede actuar como un indicador de luz verde/luz roja autónomo. Permanecer alcista mientras el precio esté por encima de la media y salir del valor si el precio cae por debajo, capturando tendencias más grandes en el proceso.

Chart Courtesy of StockCharts.com

- En un mercado alcista fuerte, en muchas ocasiones esta media móvil actúa como soporte antes de finalmente ceder.

Chart Courtesy of StockCharts.com

- En tendencias fuetes, el nivel 70 en el RSI puede ser superado y, aún así, el precio puede continuar subiendo durante meses. La media móvil simple de 50 días es la línea clave a observar cuando un mercado alcista fuerte retrocede, dado que los mercados generalmente rebotan en el primer retroceso a esta media. De cualquier manera, cuanto más veces es testado un nivel de soporte, más grandes son las posibilidades de que sea perforado y se produzca un retroceso más profundo o una corrección.

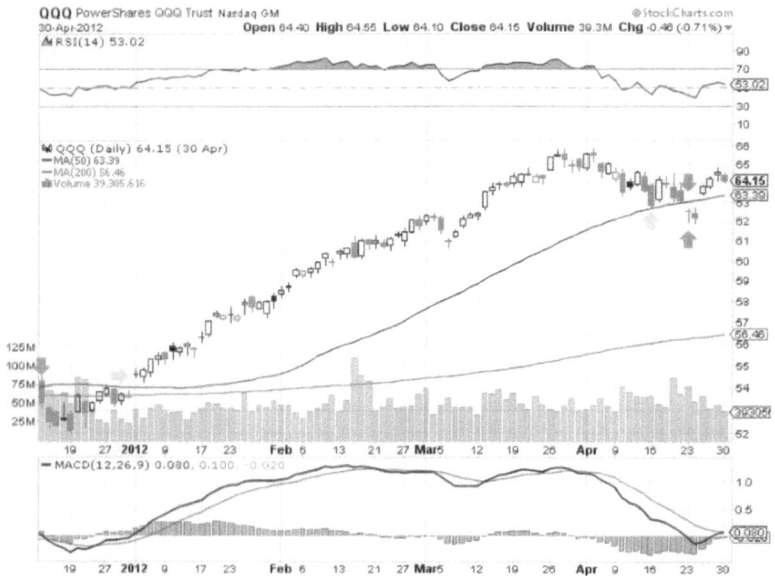

Chart Courtesy of StockCharts.com

- Mientras los precios se muevan por encima de la media móvil simple de 50 días, un trader debería pensar en comprar en retrocesos, porque el dinero fácil no va a llegar poniéndose corto en un mercado fuerte que se mueva sobre ella. Las ganancias más fáciles estarán siguiendo la tendencia con una operativa alcista.
- En el comienzo de una tendencia bajista, a menudo veréis como esta media se convierte en resistencia una vez ha sido perforada. El precio intentará recuperar los niveles anteriores, pero fallará y la tendencia bajista se iniciará.

Chart Courtesy of StockCharts.com

- En un mercado o acción en fase de distribución la media móvil simple de 50 días puede actuar como resistencia durante varios meses. Incluso puede convertirse en una señal para abrir posiciones cortas hasta que sea perforada de nuevo y el precio se mantenga por encima de ella durante un periodo de tiempo considerable. En un mercado cuyos precios vayan cayendo sucesivamente por debajo de esta media móvil, el camino con menor resistencia es el bajista.

Chart Courtesy of StockCharts.com

Qué hemos aprendido:

- La media móvil simple de 50 días puede manteneros en operativas ganadoras durante meses, en la tendencia correcta
- Esta media es un soporte para acciones de gran capitalización e índices en fase de distribución y en retrocesos de mercados alcistas
- También proporciona niveles de soporta en tendencias alcistas de largo plazo
- La media móvil simple de 50 días es generalmente la resistencia de los retrocesos en el comienzo de tendencias bajistas en mercados que estén en fase de distribución
- En tendencias fuertes el precio tiende a alejarse

demasiado de esta media móvil, haciendo que esté excesivamente alejada para usarse
- Es mejor usar otros indicadores técnicos (como el RSI) para salir y maximizar beneficios, y no esperar a un retroceso a esta media móvil

7

MEDIA MÓVIL SIMPLE DE 100 DÍAS (SOBREVENTA)

"Opera lo que esté pasando, no lo que pienses que va a pasar." – Doug Gregory

En este capítulo aprenderemos:

- La media móvil simple de 100 días puede ser un soporte clave entre las de 50 y 200 días
- Esta media móvil es una área clave a tener en cuenta para los que compren en retrocesos buscando potenciales entradas durante mercados alcistas
- También ofrece un gran ratio riesgo/beneficio en escenarios para entradas largas cuando se combina con condiciones de sobreventa
- Si el precio cierra por debajo de esta media durante varios días hay una gran probabilidad de que la media de 200 días sea alcanzada

- Los mercados a menudo retroceden a la media móvil simple de 100 días varias veces al año.

Cuando se pierde el soporte de la media móvil de 50 días el próximo nivel al que un trader debe prestar atención como soporte es el de la media móvil de 100 días. Las probabilidades de que este último nivel aguante como soporte se incrementan si se alinea con otros indicadores en sobreventa.

En el gráfico del $SPY, cada retroceso a la media móvil simple de 100 días presentó una entrada con buen ratio riesgo/beneficio, ya que a largo plazo el índice estaba en una tendencia alcista. Y cuando esta media móvil coincidió con el nivel 30 del RSI, las posibilidades de una operativa ganadora se incrementaron exponencialmente.

La clave usando medias móviles, como yo lo hago, es considerarlas niveles de soporte y resistencia sobre los que operar. Si la media móvil de 50 días es perforada yo centro mi atención en el posible nivel de soporte de la de 100 días para una operativa de swing trading alcista. Mi stop saltará con un cierre por debajo de esta media móvil, y volveré a entrar con un nuevo cierre por encima de la misma. Yo espero al cierre de la sesión para ver como el mercado reacciona alrededor de la media móvil simple de 100 días, evitando así mucho ruido intradiario.

El precio se puede mover alrededor de una media móvil relevante muchas veces antes de iniciar una tendencia. Yo entraré al mercado con una operativa alcista si el poco habitual nivel de 30 en el RSI es alcanzado, siendo una señal distinta a la de esta media móvil. Lo importante para mí de las medias móviles es ver como el precio reacciona alrededor de ellas. Si la media móvil de 100 días es perforada, me fijo en la media móvil de 200 días como el posible próximo nivel de soporte.

Chart Courtesy of StockCharts.com

En este ejemplo del gráfico diario del $SPY, se alinearon la media móvil simple de 100 días, el nivel de sobreventa 30-35 del RSI y un cruce alcista del MACD en una triple convergencia, propiciando una entrada con un magnífico ratio riesgo/beneficio, dentro de una tendencia alcista de largo plazo. Esta media móvil individualmente es una gran herramienta para comprar en retrocesos, pero debemos cerciorarnos de que otros indicadores técnicos están confirmando el potencial de la zona de compra, o si, basándonos en el patrón gráfico, se podría bajar aún más.

Chart Courtesy of StockCharts.com

Cuando una acción está en una tendencia alcista con máximos y mínimos ascendentes, la media móvil de 100 días puede ofrecernos, si el precio rebota cerca de ella, una nueva entrada con gran ratio riesgo/beneficio. Un rebote puede suceder si el precio se aproxima a esta media móvil, pero nunca la alcanza. Buscad una vela alcista amplia, una media móvil al alza, un cruce alcista del MACD y condiciones de sobreventa para confirmar una compra si el precio no llega a la media móvil simple de 100 días.

La clave para usar medias móviles como en el gráfico de $FB es dejar correr las operativas ganadoras y acotar las perdedoras. Debéis usar trailing stops para maximizar vuestras buenas entradas (como la primera señal del gráfico), y cortar las pérdidas rápidamente si entráis en el segundo rebote en la media móvil de 100 días. También podeis buscar oportunidades si una media móvil relevante ha perdido su condición de soporte, tratando de evitar múltiples pérdidas cuando la volatilidad se incremente sobre ese nivel. Limitad vuestras entradas a solamente aquellas que se basen en múltiples confirmaciones técnicas, esto os ayudará a incrementar vuestro porcentaje de ganancias, y limitará vuestras pérdidas.

La media móvil simple de 100 días puede ser el último soporte antes de que un mercado salga de un rango y se mueva enérgicamente desde un nivel de sobreventa 30-35 en el RSI, a una sobrecompra sobre el nivel de 70 en una amplia tendencia. Vuestra habilidad para aprovechar y gestionar estas tendencias determinará gran parte de vuestro éxito como traders.

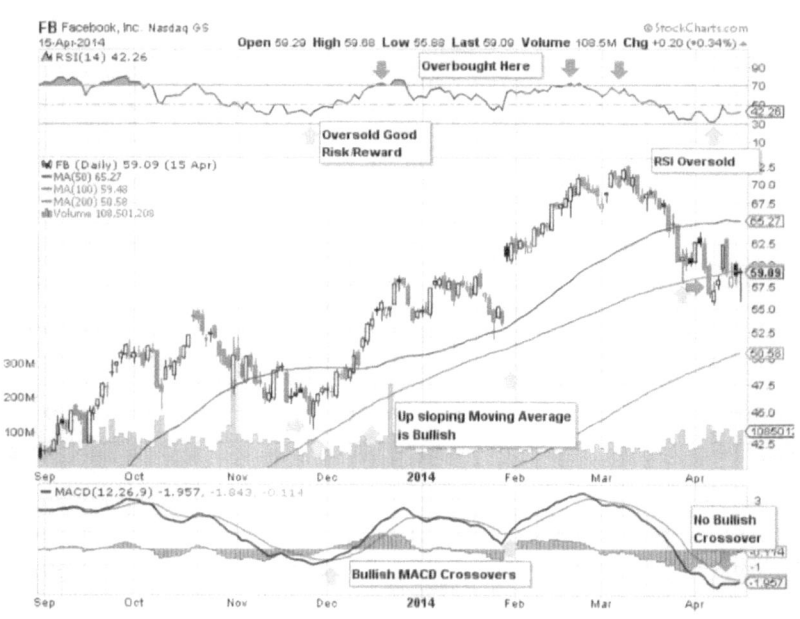

Chart Courtesy of StockCharts.com

En el ejemplo del gráfico de $USO podeis ver una rotura de la media móvil simple de 100 días mientras el MACD todavía era alcista, y otra que rompe sobre la media con un cruce alcista del mismo indicador. Las materias primas y las acciones de crecimiento tienden a generar fuertes tendencias que superan y se mantienen sobre el nivel de 70 en el RSI, mientras que los índices y los ETFs sectoriales tienden a encontrar resistencia si sus tendencias llegan a ese nivel. Una rotura y cierre sobre el nivel 70 del RSI es un indicador de momentum en la tendencia, y es señal de su fortaleza. Esto suele ocurrir con las materias primas, donde la tendencia continúa a pesar de estar en sobrecompra por el RSI.

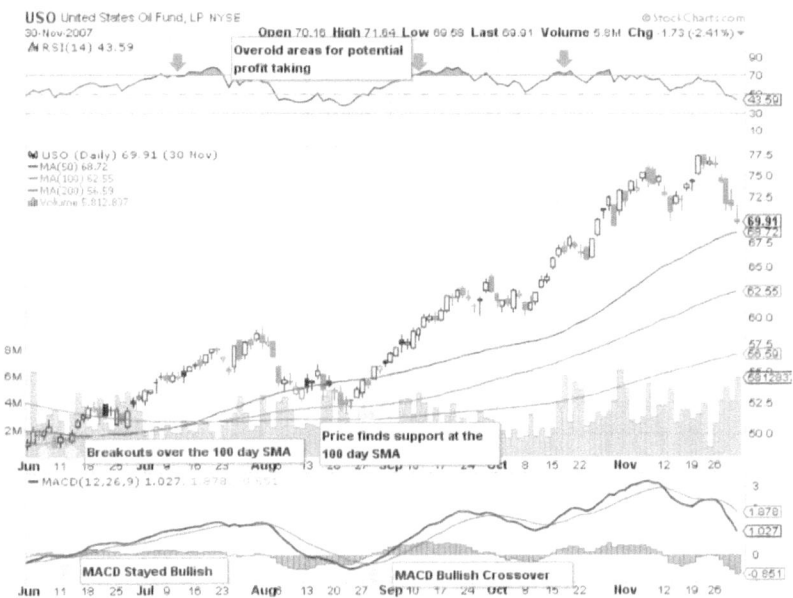

Chart Courtesy of StockCharts.com

Qué hemos aprendido:

- Si la media móvil simple de 50 días es perforada, el próximo nivel a vigilar para un rebote es la media móvil simple de 100 días durante tendencias y mercados alcistas
- Esta media móvil es un nivel de precio a tener en cuenta

para una potencial compra en retrocesos en mercados con tendencia alcista
- Si esta media móvil coincide con niveles de sobreventa de 30-35 en el RSI estamos ante una entrada con un buen ratio riesgo/beneficio en la mayoría de los mercados
- Cuanto más tiempo esté el precio por debajo de esta media móvil, más probable será que descienda hasta la media móvil simple de 200 días
- Cuantos más días consecutivos atraviese el precio esta media móvil, menos significado y utilidad tendrá en el gráfico
- Incluso en los mercados alcistas, es frecuente que varias veces al año el activo que estéis operando retroceda hasta esta media móvil. Es algo normal, no tiene que cundir el pánico y no hay razón para pensar que la tendencia alcista haya terminado.

8

MEDIA MÓVIL SIMPLE DE 200 DÍAS (EL ÚLTIMO BASTIÓN ALCISTA)

"La referencia para todo lo que observo es la media de 200 días de los precios de cierre. He visto demasiadas cosas, acciones y materias primas, hundiéndose hasta 0. Invirtiendo todo se reduce a: ¿cómo puede evitar perderlo todo?". Si usas la regla de la media móvil de 200 días, sales. Te defiendes y sales." – Paul Tudor Jones

En este capítulo aprenderemos:

- La media móvil simple de 200 días es el filtro de tendencias de largo plazo para un mercado
- Esta media móvil actúa como último nivel de soporte clave en mercados alcistas
- Muchos traders usan esta media como un filtro de seguimiento de tendencias para sus entradas y salidas
- Es una de las medias móviles más observadas en los mercados

- Los traders alcistas tienen mayor probabilidad de éxito por encima de esta media móvil, los traders bajistas la tendrán por debajo

Estar en el lado correcto de una tendencia de largo plazo puede ser tan simple como estar largo sobre la media móvil simple de 200 días, y pasar a liquidez por debajo de ella. Si solo os quedáis con una cosa de este libro, que sea comprender que **una pérdida de esta media móvil es el primer aviso de una posible corrección, tendencia o mercado bajista.** Teniendo en cuenta solamente esto podréis evitar grandes pérdidas.

Chart Courtesy of StockCharts.com

Cuando los inversores y traders están atrapados en liquidez después de un largo mercado bajista y no saben cuando volver al mercado, una entrada en la primera rotura y cierre sobre la media móvil simple de 200 días supone una operativa con un gran ratio riesgo/beneficio, al principio de un posible próximo mercado alcista.

Por supuesto, tienen que estar preparados para salir si el precio comienza a cerrar debajo de esta media móvil y falla el momentum para convertirse en tendencia. Las acciones de gran capitalización tienen como primer soporte clave la media móvil simple de 50 días, y como último, la de 200 días.

Chart Courtesy of StockCharts.com

Un rebote desde esta media móvil en una acción de gran capitalización proporciona un excelente ratio riesgo/beneficio, ya que normalmente este tipo de acciones están en fase de acumulación. Pero durante una severa corrección del mercado retroceden hasta el nivel de la media móvil simple de 200 días debido a que las acciones, como clase de activo, se encuentran en ese momento en fase de distribución. Esto constituye para el trader técnico un margen de seguridad para tener en cartera acciones de crecimiento con un gran precio de entrada.

Chart Courtesy of StockCharts.com

También puede proporcionar un robusto soporte en mercados con rangos estrechos para estas acciones, que formarán una tendencia ascendente durante los mercados alcistas.

Chart Courtesy of StockCharts.com

La primera señal de que una acción concreta está en fase de distribución es cuando pierde la media móvil simple de 200 días. Una vez perdida esta, puede desarrollarse rápidamente una fuerte tendencia bajista.

Chart Courtesy of StockCharts.com

Cuando una acción se sitúa por debajo de esta media móvil tiende a subir de vuelta, al menos en una ocasión, antes de comenzar un fuerte movimiento a la baja. Una vez utilizada la media móvil simple de 200 días como señal de entrada en corto, se pueden usar las medias móviles exponenciales de 5 y 10 días como trailing stops dependiendo de la volatilidad histórica de dicha acción. Debéis usar la media móvil relevante que haya funcionado en el pasado y que permanezca intacta por varias semanas.

Chart Courtesy of StockCharts.com

La media móvil simple de 200 días da al trader la habilidad de cuantificar el entorno de mercado en el que se encuentra, así como la tendencia de largo plazo. También mostrará la distribución o acumulación de largo plazo de una clase de activo o de un mercado, dado que es la última frontera que divide los mercados alcistas de los bajistas. Los alcistas comienzan vendiendo sus posiciones por debajo de esta media móvil, mientras que los bajistas comienzan a ponerse cortos cuando los precios retornan a ella. Los movimientos fuertes pueden ocurrir cuando esta media móvil es alcanzada y luego rompe en una u otra dirección. Las batallas pueden extenderse durante varios días en su nivel, mientras una nueva tendencia trata de consolidarse, o una antigua puede ser anulada. Esta media móvil es mucho más recomendable para identificar la tendencia del mercado que las opiniones, especulaciones o predicciones.

Los mercados alcistas fuertes que tienen momentum y hacen

nuevos máximos históricos deben primero sobrepasar esta media móvil. Tomar posiciones largas cuando es sobrepasada da al trader o inversor una oportunidad de estar en el lado correcto de un mercado alcista.

Los mercados bajistas deben primero perforar la media móvil simple de 200 días antes de causar severas pérdidas, por ello los inversores y traders, al cerrar las posiciones largas cuando se pierde esta media móvil, tienen una oportunidad de preservar su capital de los riesgos de una larga corrección o de un mercado bajista. Evitar las grandes pérdidas de capital evidentemente puede mejorar los resultados de inversores y traders largo plazo.

Abrir posiciones cortas cuando se pierde esta media móvil permite optar a las ganancias de las tendencias en mercados bajistas, y ofrece un buen ratio riesgo/recompensa. El stop puede situarse en un cierre de sesión superior a ella.

¿Qué señal técnica podría haber salvado a los inversores de la implacable tendencia bajista de 2008-2009? Comprender que la tendencia alcista de largo plazo había acabado con la pérdida de la media móvil simple de 200 días. Los seguidores de tendencias de largo plazo no deberían abrir posiciones largas bajo esta media móvil, y los swing traders no deberían hacerlo cuando el RSI esté por debajo de 30.

Chart Courtesy of StockCharts.com

Que hemos aprendido?

- El principio de las tendencias y mercados alcistas generalmente comienza cuando el precio rompe y permanece por encima de la media móvil simple de 200 días
- La primera señal del comienzo de una tendencia o mercado bajista se da cuando el precio rompe y permanece por debajo de la media móvil simple de 200 días
- Esta media móvil aparece por defecto en la mayoría de las plataformas gráficas de trading. Es usada por muchos traders para comprar en una rotura al alza de la misma y vender en una rotura a la baja. Algunos comprarán nada

más producirse la rotura, otros esperarán a la confirmación en la apertura o cierre de la próxima sesión
- Como la media móvil simple de 200 días señala si el mercado está en una tendencia alcista o bajista de largo plazo, comprar debilidad en los retrocesos sobre ella y vender fortaleza por debajo permite a los traders seguidores de tendencia estar en el lado correcto respecto a la acumulación o distribución del mercado
- Nada bueno espera a las posiciones largas por debajo de esta media móvil

9
SISTEMAS DE CRUCES DE MEDIAS MÓVILES

"Casi todo respecto a la "ciencia" del seguimiento de tendencias puede ser explicado por un mero cruce de medias móviles. No os dejéis llevar por la complejidad." – Jerry Parker

E n este capítulo aprenderemos:

- Los sistemas de cruces de medias móviles son una manera de capturar tendencias abriendo una operativa cuando una media móvil es sobrepasada por otra de menor plazo, y saliendo cuando esta vuelve a situarse por debajo
- Estos sistemas son una manera de operar basada en las tendencias del precio, no en fundamentales u opiniones personales
- Pueden manteneros en una operativa más tiempo que utilizando una sola media móvil

- Un sistema de cruces de medias móviles dará menos señales operativas que una sola media móvil
- Los resultados de estos sistemas pueden ser testeados en diferentes tipos de entorno de mercados usando programas ad hoc

Una manera de usar las medias móviles en un sistema de trading es utilizar dos que ofrezcan señales de compra y venta cuando la de más corto plazo supere a la de plazo superior. El legendario pionero del seguimiento de tendencias Richard Donchian usó un sistema de cruces de medias móviles de 5 y 20 días para obtener señales de compra y venta. Donchian fue un pionero en el trading técnico basado en la acción del precio en contraposición a los fundamentales, opiniones y predicciones

La manera sistemática de usar varias medias móviles para obtener señales operativas y filtrar las entradas y salidas durante períodos de volatilidad es desarrollar sistemas de trading usando los mencionados cruces. Utilizando dos medias móviles, podeis crear señales de entrada que se generen cuando la media móvil de plazo inferior cruza sobre la de plazo superior. La señal de salida o reversión se genera cuando la media móvil de plazo inferior cruza bajo la de plazo superior.

Vuestro marco temporal de trading y vuestro backtest determinarán qué medias móviles encajan mejor con el activo que operéis, temporalidad y metodología. Las medias móviles de menor temporalidad pueden generar señales falsas antes de identificar una tendencia, y en general más cantidad que las de más largo plazo. Un trader puede probar el rendimiento de diferentes temporalidades con medias móviles que se ajusten a su marco temporal y preferencias a la hora de mantener posiciones.

Por otro lado, los sistemas de cruces de medias móviles de más largo plazo pueden dar beneficios antes de que se active la señal de salida. El principio inherente es desarrollar un sistema de cruces de medias móviles que permita tener ganancias amplias y pérdidas reducidas. El propósito de estos sistemas es reemplazar las opiniones y las predicciones por una manera cuantificable de aprovechar las tendencias.

Estos sistemas esperan una doble confirmación de una tendencia, y fuerzan al trader a actuar en base en lo que está sucediendo en el mercado, no sobre sus creencias personales. Por sí solo, esto constituye una gran ventaja sobre la mayoría de los traders que simplemente operan por impulsos. Quien mejor puede predecir una futura tendencia es la actual que fluye en la dirección con menos resistencia, hasta que se detiene.

Los sistemas de cruces de medias deberían disminuir la cantidad de operativas y perdidas, al contrario que usando un sistema con una única media móvil. En este último supuesto, el precio puede oscilar alrededor de una media móvil relevante tres o cinco veces antes de establecer una tendencia, causando mientras tanto múltiples perdidas. Un sistema de cruces puede, en el mismo marco temporal, generar tan sola una entrada y una salida. Usando estos sistemas la calidad de vuestras señales se incrementa, y el ruido generado por las falsas, disminuye.

Los traders tienen muchas opciones para utilizar los sistemas de cruces de medias móviles en su operativa:

- Se pueden tener filtros para solamente operar el lado alcista de las señales de cruces cuando la media móvil de plazo inferior cruza sobre la de más largo plazo, y el mercado se esté moviendo por encima de la media móvil simple de 200 días. Esto es recomendable en el mercado de acciones, porque tienden a seguir un comportamiento alcista gracias a la constante demanda de las mismas.
- Los traders pueden posicionarse bajistas solamente si la media móvil de plazo inferior cruza bajo la de más largo plazo, si el mercado se está moviendo bajo la media móvil simple de 200 días por ejemplo.

- También pueden tener siempre en perspectiva estar largos mientras la media móvil de plazo inferior cruce sobre la de más largo plazo. Y pueden salir y ponerse cortos cuando la primera cruce por debajo de la segunda. Esta estrategia funciona mejor en las materias primas, dado que tienden a seguir movimientos de tendencia en ambos sentidos, debido a la demanda y oferta constante.
- Un trader puede también obtener una señal de mantenerse en liquidez basada en un incremento del rango medio de volatilidad diaria, o bien después de una serie de pérdidas. Y puede esperar a una señal más consistente antes de volver a operar el sistema de cruces.
- Es posible añadir también el RSI como un filtro adicional de tendencias, considerando solamente las señales de momentum o compras en retroceso si se alinean con los parámetros del indicador, o únicamente operando en corto con niveles de sobrecompra. Para mí los niveles de 20-35 en el RSI son una oportunidad de compra en sobreventa para la mayoría de las acciones, 50-60 son señal de compra por momentum durante tendencias alcistas, y 65-70 es nivel de sobrecompra a tener en cuenta para salir de posiciones largas o abrir posiciones cortas.
- El cruce del MACD también puede ser usado como un filtro secundario, seleccionando solo aquellas entradas en las que el indicador se alineé en la dirección de la señal del cruce de medias.
- Para un sistema puramente mecánico se pueden operar las señales técnicas exactamente como se han testeado previamente, para así tener la oportunidad de conseguir los mismos resultados y no desvirtuarlo.
- A diferencia de una única media móvil, que raramente funciona como único indicador en múltiples entornos de mercado, los sistemas de cruces pueden ser sistemas de

trading por sí mismos, y pueden batir los resultados del mercado y la estrategia de comprar y mantener a largo plazo (buy and hold).

Estos son algunos de los cruces de medias móviles más utilizados. Probarlos para observar los que se adecúan a vuestro mercado y marco temporal:

SMA 5 días/SMA 20 días
EMA 5 días/SMA 50 días
EMA 10 días/EMA 20 días
EMA 10 días/EMA 50 días
EMA 15 días/EMA 30 días
EMA 15 días/EMA 150 días
SMA 10 días/SMA 200 días
SMA 50 días/SMA 200 días

Hay un sistema sencillo que puede usarse para incrementar las ganancias y disminuir perdidas en mercados con amplios movimientos del precio: la señal de cruce, en ambas direcciones, de la media móvil simple exponencial (EMA 10 días) y la media móvil simple exponencial de 30 días (EMA 30 días). Podeis abrir posiciones largas cuando la primera cruce por arriba la segunda, saliendo y abriendo cortos cuando vuelva a caer por debajo. Esto permite al trader aprovechar los movimientos al alza y a la baja en mercados con grandes oscilaciones.

Chart Courtesy of StockCharts.com

La clave para usar un sistema como este es que las operativas ganadoras nos den más beneficio que el restado por las perdedoras. Podeis aprovechar las tendencias alcistas y bajistas en un mercado que oscile, y permanecer por un periodo largo de tiempo en un movimiento para maximizar beneficios.

Es crucial, estudiando gráficos y realizando backtest para los sistemas de cruces de medias móviles, el probar y analizar datos en múltiples entornos de mercado. Un sistema que opere solamente largos y funcione de maravilla en mercados alcistas puede ser ruinoso en mercados bajistas, o puede hacer que os quedeis en liquidez al comienzo de una tendencia bajista y no generar señales durante meses. Puede suceder que un cruce de medias operando corto resulte en múltiples pérdidas durante tendencias alcistas, pero proporcione una gran ganancia en un derrumbe del mercado.

Tened en cuenta que las grandes ganancias son las más duras de conseguir operando día a día, sobre todo cuando hay un movimiento fuerte contra vuestra posición que causa un agujero en los posibles beneficios latentes. Debéis comprometeros a seguir un sistema de trading, ya sea mecánico o discrecional, y aferraros a él sin que os importe nada más.

Sed flexibles con vuestras opiniones sobre la posible dirección que puede tomar el mercado, pero disciplinados respecto a vuestro sistema y a vuestras reglas de trading. Es crucial que operéis con un tamaño de posición que os permita operar un sistema sin tener que salir del mercado por no poder soportar un movimiento del precio contrario a vuestra operativa.

En el gráfico de $QQQ podeis ver como el sistema de cruces de medias móviles exponenciales de 10 y 30 días por sí solo os habría llevado una estrategia exclusivamente alcista a estar en liquidez antes y durante el crash del mercado de 2008, mientras un sistema que operara tanto largo como corto hubiera revertido posición y aprovechado una tremenda tendencia. En una tendencia de esta magnitud el RSI no fue útil como indicador de sobreventa, pero el MACD señaló algunos movimientos que habrían podido generar pequeñas ganancias.

Este tipo de tendencias tan fuertes y prolongadas en el tiempo son las ideales para obtener el máximo beneficio con sistemas de cruces de medias móviles. Sin embargo, no son muy habituales y generalmente se dan cada decada o más. Vuestro sistema de cruces de medias móviles normalmente os mantendrá en el lado correcto de una gran tendencia cuando esta ocurra.

Chart Courtesy of StockCharts.com

Algo que suele ocurrir a los traders es que abandonan buenos sistemas de trading durante entornos adversos de mercado. No abandonéis un buen sistema de trading a largo plazo por la inmediatez de unos malos resultados en el corto plazo.

Los sistemas de cruces de medias móviles que se apoyan en tendencias para ser rentables tendrán muchas pérdidas en mercados de rango ajustado o volátiles. La clave es perder poco y aguardar a la siguiente oportunidad que nos de la ocasión de aprovechar una entrada ganadora. Mantened las pérdidas a raya operando con un tamaño de posición que reduzca cada entrada perdedora al 1% de vuestra capital total de trading. Se puede aumentar el tamaño de posición con ETFs de índices, pero no con acciones volátiles.

Las operativas con opciones pueden ser determinadas con el 1% de vuestro capital total de trading, no siendo necesario el uso de stoploss dado que serán estrategias de todo o nada, donde la pérdida ya estará automáticamente limitada

Este gráfico de $QQQ habría acabado siendo frustrante en su momento, dado que 2015 fue un mercado con un rango estrecho y los beneficios latentes habrían desaparecido al no haber surgido una tendencia semana tras semana. Lo bueno de este cruce de medias exponenciales de 10 y 30 días como indicador autónomo es que, mientras siguió generando beneficios latentes, mantuvo las pérdidas bajo control. También ahorró comisiones y mantuvo un buen porcentaje de operativas ganadoras en etapas tumultuosas en el mercado, de manera constante.

Esta es la gran ventaja de decidir las operativas al final de la sesión, el evitar una gran cantidad de ruido intradiario.

Chart Courtesy of StockCharts.com

Los seguidores de tendencias de largo plazo disponen de una

señal conocida como la "Cruz dorada" (Golden Cross), que se produce cuando la media móvil simple de 50 días cruza por encima de la de 200 días. Esta es una señal que identifica el comienzo de una larga tendencia alista en el mercado.

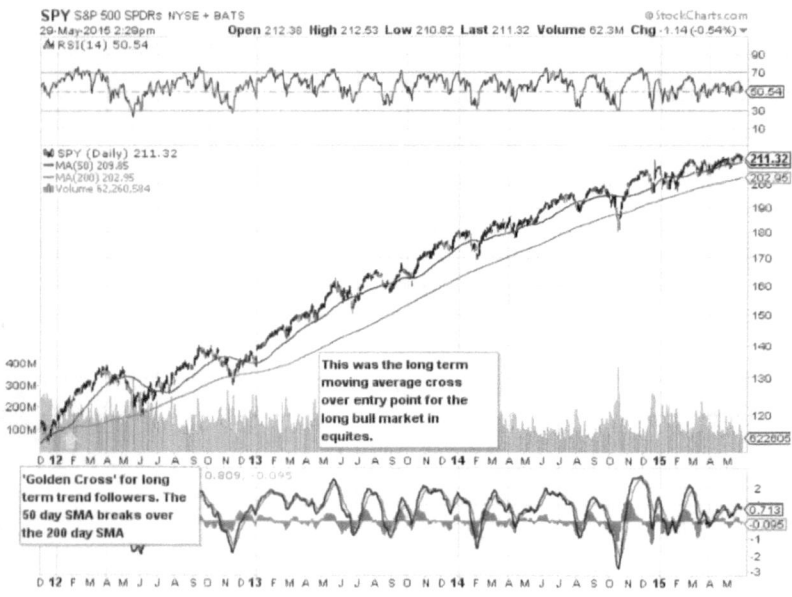

Chart Courtesy of StockCharts.com

El siguiente gráfico de $PCLN muestra una combinación de cruces de medias móviles con trading discrecional reglado usando indicadores técnicos. En este ejemplo podríamos haber entrado cortos cuando la media móvil exponencial de 10 días cruzó la de 50 días, y haber cubierto dicha posición cuando el precio entró en sobreventa con niveles de 30 en el RSI. Se podría haber entrado largo cuando la media móvil exponencial de 10 días volvió a cruzar sobe la de 50, saliendo cuando el RSI se situó sobre 70 dando, señal de sobrecompra.

La segunda señal se dio antes de publicar resultados, por lo que la operativa era arriesgada y solamente se debería haber considerado si vuestras reglas os hubieran permitido asumir el riesgo. Así es como se incorporan las señales de cruces de medias móviles en un sistema discrecional basado en reglas y se maximizan beneficios, sin tener que esperar por el próximo cruce para salir con ganancias.

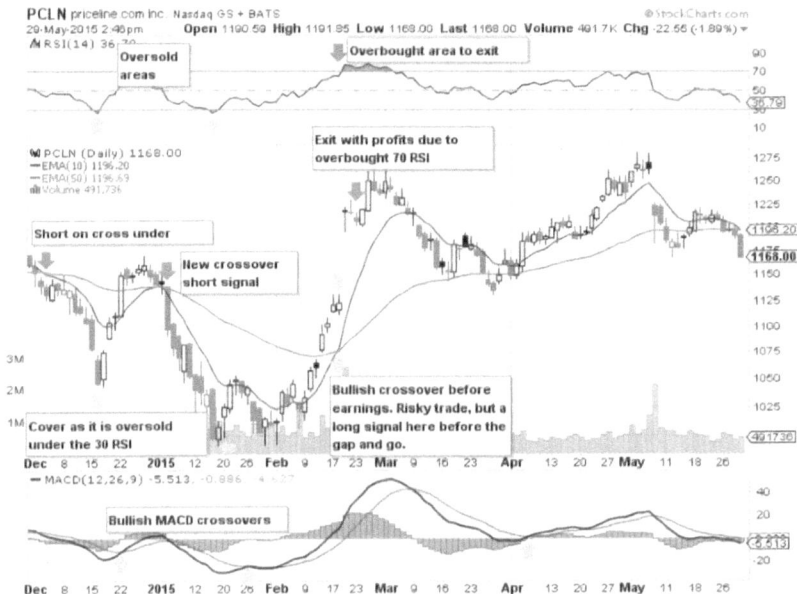

Chart Courtesy of StockCharts.com

Recordad:

- Los sistemas de cruces de medias móviles que solo operan largos puede ser muy eficaces limitando pérdidas durante mercados bajistas. Muchos sistemas pueden reducir las pérdidas al 50% o más evitando estar en el mercado cuando este se encuentra en tendencia bajista
- Los sistemas de este tipo que revierten posición y entran

cortos pueden ser provechosos en mercados bajistas, pero disminuyen su rendimiento en mercados alcistas cuando no se dan tendencias a la baja, y los cortos son repetidamente sacados del mercado
- Son sistemas seguidores de tendencia, que serán rentables dependiendo de la propia tendencia del mercado y de la habilidad del trader para seguir su propio sistema con disciplina y no abandonarlo durante las rachas perdedoras. Recomiendo encarecidamente un backtest de cualquier sistema de trading con medias móviles antes de operar en real, como base para calibrar el potencial de ganancias del mismo. Después se pueden aplicar reglas discrecionales para maximizar beneficios y minimizar pérdidas.
- Los sistemas de cruces de medias móviles pueden ser rentables pero también pueden producir un rendimiento desalentador, dependiendo del marco temporal del trader y de la volatilidad del mercado. Podeis filtrar las pérdidas y las ganancias con un filtro de volatilidad y poneros en liquidez cuando el VIX sea demasiado alto para vuestro marco temporal específico

Qué hemos aprendido:

- Para usar un sistema de cruces de medias móviles, se entra en una operativa cuando una media móvil cruza por encima a una de mayor plazo, y luego se sale cuando vuelve a descender sobre esta última
- Estos sistemas son usados generalmente como un método de trading mecánico para operar un mercado a través de la acción del precio por sí misma. Se pueden añadir reglas discrecionales pero estas son generalmente mecánicas para asegurar un rendimiento consistente. Cuando se usan como un sistema puramente mecánico pueden

eliminar el stress y las emociones de un trader a la hora de tomar decisiones
- Usar un sistema de cruces de medias móviles en lugar de solamente medías móviles disminuye la cantidad de operativas, los costes de comisiones y el ratio de abandono, mientras incrementa las oportunidades de capturar una tendencia prolongada.
- Un sistema de cruces de medias móviles puramente mecánico puede ser testeado para obtener su rendimiento histórico
- Estos sistemas pueden filtrar gran cantidad de ruido en un gráfico y dar señales con mejores probabilidades de aprovechar una verdadera tendencia incipiente de manera más eficiente que únicamente usando medias móviles

10

COMBINANDO MEDIAS MÓVILES CON OTROS INDICADORES

"Los osciladores son calculados usando un derivado del precio y por ello muchos presentarán una forma muy parecida. El Estocástico, el RSI, los osciladores de medias móviles y el MACD son algunos de los más utilizados. Serán más útiles cuanto más movimiento tengan los mercados, y tendrán menos eficacia en mercados planos y laterales." – Linda Raschke

E n este capítulo aprenderemos:

- A entrar al mercado con la rotura de una media móvil relevante y a salir para maximizar beneficios
- Cómo asegurar los beneficios latentes sin tener que esperar a que el precio retroceda todo el recorrido hasta la media móvil relevante
- Cómo usar el RSI conjuntamente con las medias móviles

- Cómo usar el MACD conjuntamente con las medias móviles
- Filtros técnicos para usar junto con las medias móviles

Los sistemas de cruces de medias móviles generalmente no dan buen resultado como sistemas autónomos para entradas y salidas en los backtest. Son tan solo una herramienta para aprovechar tendencias, y necesitan otro conjunto de señales para disminuir el ruido y mantener a un trader en el lado correcto del mercado.

El RSI es un oscilador técnico de momentum que compara la cantidad de ganancias recientes respecto a las pérdidas recientes para intentar mostrar los niveles de sobrecompra y sobreventa de la acción del precio en un mercado. Este oscilador tiene un rango de 0 a 100, estando supuestamente un mercado en sobrecompra si alcanza el nivel de 70. Para los traders esto es señal de que puede ser momento de vender sus posiciones largas. Cuando el RSI alcanza el nivel de 30 es señal de que un activo está comenzando a estar sobrevendido, y puede tener un buen ratio riesgo/recompensa el entrar largo en ese momento. El cruzar la línea central de 50 puede usarse para señalar el comienzo de una tendencia en el sentido de la rotura (+51 alcista o inferior a 50 bajista).

El tradicional uso del RSI para swing trading es óptimo para índices y sectores con el rango de 65-70 marcando sobrecompra y salida de operativas largas, y el rango de 30-35 indicando sobreventa y una señal de compra. Este oscilador obtiene sus mejores resultados operando swing trading en mercados de rangos estrechos. No funciona indicando niveles extremos en mercados con tendencia dado que los máximos ascendentes o los mínimos descendentes pueden mantenerse durante largos periodos de tiempo. En este ejemplo del gráfico de $INDU, podemos ver como el RSI señaló los niveles de sobrecompra y de sobreventa. La mejor entrada en el gráfico se dio cuando este oscilador coincidió con la media móvil de 200 días y un cruce alcista del MACD, propiciando una entrada para largos con alta probabilidad de éxito.

El RSI no es un indicador autónomo, y debe ser usado en conjunción con otras herramientas del trading para obtener confirmación. Os recomiendo salir de posiciones largas cuando el RSI cierre por debajo del nivel 30, y salir de posiciones cortas cuando lo hace por encima del nivel 70. Cuando el precio rompe y cierra más allá de estos niveles, es un indicio de un potencial movimiento que se suele producir más comúnmente en acciones de crecimiento o materias primas, pero que se puede dar en cualquier otro activo y momento. La clave usando el RSI es maximizar las operativas ganadoras y minimizar las perdedoras.

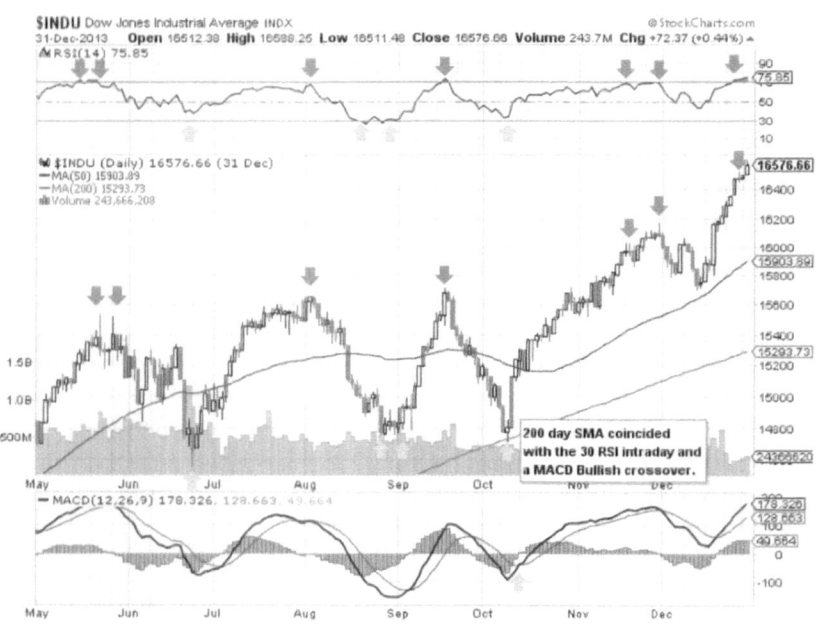

Chart Courtesy of StockCharts.com

El MACD es un indicador técnico que trata de medir el momentum de la acción del precio de un mercado. Convierte dos medias móviles en dos líneas sobre un gráfico, restando la de más largo plazo a la de más corto plazo, mostrando de esta manera la relación entre dos medias móviles de los precios.

La fórmula que usa el MACD para calcular sus líneas incorpora la media móvil exponencial de 26 días y la de 12 días. La primera se resta de la segunda para crear una línea. Luego la media móvil exponencial de 9 días del propio MACD se coloca junto a la suma de las primeras líneas para crear señales de entradas y salidas basándose en cruces. La segunda línea se usa como señal cuando cruza sobre la primera.

Este indicador se basa en la relación entre dos medias móviles de plazo intermedio, originándose sus señales a partir de las convergencias y las divergencias entre aquellas. La convergencia de las dos líneas indica la probabilidad de que un mercado esté en un rango operativo, mientras que la divergencia se produce cuando se alejan entre si durante las tendencias en dicho mercado. El MACD se usa principalmente como generador de señales para swing trading y operativa de tendencias, en base a los cruces de la línea del MACD sobre su línea de señal.

El MACD no es útil para identificar mercados sobrecomprados y sobrevendidos, dado que es una medida de la convergencia y divergencia de dos medias móviles sobre una línea 0. En cambio, es un gran indicador para mostrar potenciales entradas basándose en cambios en el momentum, y puede dar una señal general alcista o bajista para una tendencia del mercado. A pesar de que el MACD puede ser usado como un sistema de cruces, lo mejor es hacerlo conjuntamente con otros indicadores. El MACD trabaja mejor en mercados con tendencia y rangos amplios, al contrario que en mercados de rangos estrechos, donde tiende a permanecer plano dado que el precio se mueve lateralmente durante largos periodos de tiempo.

El MACD en síntesis

Cuando la línea negra del MACD se sitúa sobre la roja, esto

indica momentum y tendencia alcista, cuando la línea roja cae por debajo de la negra, es señal de momentum bajista y de una potencial tendencia a la baja. La entrada con mejor ratio riesgo/beneficio se produce generalmente con los cruces de las líneas, dado que esto es señal de que una potencial tendencia o movimiento en el precio ha comenzado.

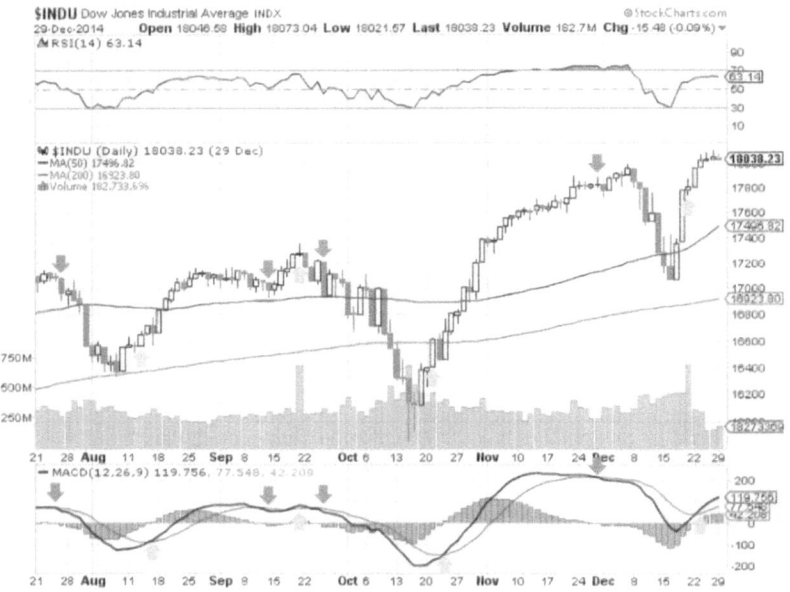

Chart Courtesy of StockCharts.com

El gráfico de $INDU muestra el cruce las medias móviles exponenciales de 10 y 50 días que puede ser usado para operar la acción del precio. Con la primera entrada, el cruce en diciembre, la fuerte tendencia prosiguió por siete meses con pequeños retrocesos antes de seguir progresando al alza. En un mercado con una fuerte tendencia un sistema de cruces por si mismo funcionará bastante bien.

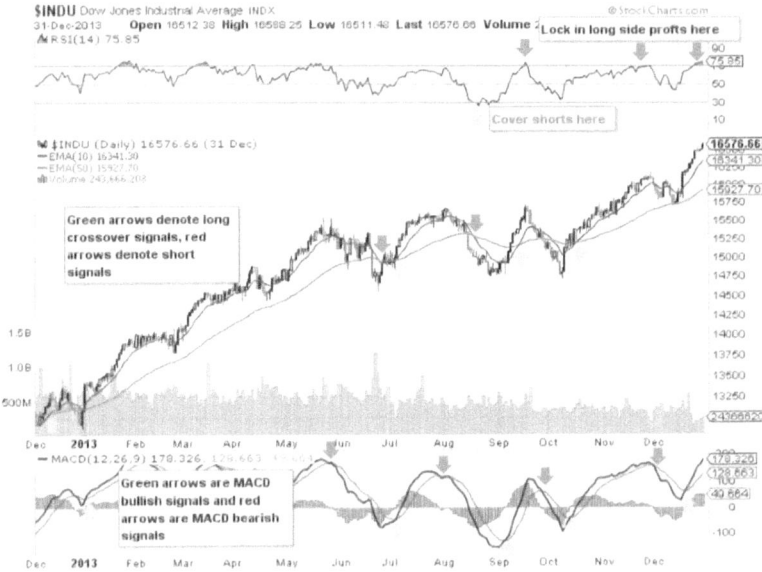

Chart Courtesy of StockCharts.com

Estamos ante un seguimiento de tendencia en estado puro. En esta fuerte tendencia, el nivel 70 de RSI y el cruce bajista del MACD mostraron un pequeño retroceso dentro de una fuerte tendencia de largo plazo. Este ejemplo muestra una fuerte tendencia, luego un mercado con movimientos, y cómo el RSI y el MACD se pueden usar como señales para salir de operativas basadas en cruces de medias móviles.

Después de junio, las señales del RSI y el MACD comenzaron a trabajar de nuevo cuando el mercado empezó a moverse en un rango amplio, pensad que el mercado de acciones es proclive a tendencias al alza por largos periodos de tiempo. Al principio del gráfico, el RSI y el MACD habrían hecho que el trader no optimizara las ganancias, y después de junio, al contrario, las habría exprimido. Esto confirma la necesidad de complementar con más señales las medias móviles.

Daros cuenta de que los traders habrían sacado provecho en ambos entornos de mercado. Sin embargo, las señales de swing trading provocarán que, en fuertes tendencias, los traders obtengan peores resultados que en mercados con rangos estrechos. Debemos operar intentando sacar el máximo provecho a una tendencia y estar dispuestos a arriesgar las ganancias latentes, o a asegurarlas y renunciar a posibles beneficios mayores, limitando riesgo de exposición y pérdidas en nuestro capital de trading.

Cuando operamos acciones con medias móviles, comprended que el ratio riesgo/beneficio de vuestras operativas largas disminuye en la medida en que el precio se vaya acercando al nivel 70 del RSI, y también lo hará, en vuestras operativas cortas, cuando el precio se acerque al nivel 30, siendo muy probable un posible rebote por sobreventa.

Si iniciáis una operativa con largos y el MACD se sitúa en el lado alcista de su cruce, vuestras posibilidades de éxito aumentan. Y si operáis cortos y el MACD se encuentra en el lado bajista de su cruce, ocurrirá lo mismo. Los cruces del MACD y de medias móviles son la mejor alternativa para entrar en el comienzo de una potencial tendencia, mientras que el RSI es ideal para indicar cuándo salir al final de una tendencia o movimiento del precio.

Mediante la creación de sistemas, el estudio de gráficos y el bakctesting podeis crear filtros para vuestras medias móviles.

Ejemplos:

- Podeis operar largos con vuestro sistema de cruces solamente cuando el MACD se sitúe en el lado correcto de un cruce alcista
- Podeis operar cruces largos solamente cuando el RSI esté por encima de 50 para señales de momentum, y tomar las señales cortas cuando el RSI esté debajo de 50
- No operad las roturas sobre medias móviles relevantes cuando el RSI esté por encima de 65 debido a un ratio riesgo/beneficio deteriorado
- Podeis no considerar vuestras señales para abrir cortos

cuando el mercado en el que operéis se encuentre sobre su media móvil simple de 200 días
- Podeis no considerar vuestras señales para operar largos cuando el mercado en el que operéis se encuentre debajo de su media móvil simple de 200 días.

En mercados alcistas, el soporte del nivel 50 del RSI puede ser una señal de confirmación para entrar en posiciones largas durante retrocesos, mientras que en mercados bajistas los ascensos hacia este nivel pueden ser señales para entrar cortos.

Este ejemplo del gráfico del $SPY del mercado alcista del periodo 1999-2000 muestra que, incluso en mercados al alza, es difícil para los índices y las acciones de empresas de gran capitalización cerrar por encima del nivel 70 del RSI o por debajo del 30.

Chart Courtesy of StockCharts.com

La clave es saber que disponemos de estos niveles para usarlos como soportes y resistencias cuando decidamos cerrar posiciones con ganancias, ya sean alcistas o bajistas. Estos niveles funcionan en la mayoría de los mercados, dado que los precios tienden a extenderse y posteriormente revertir a su media. Son una buena manera de medir la relación entre el posible beneficio restante y el riesgo existente.

En un mercado con una fuerte tendencia, o cuando los precios se mueven en un rango amplio, los cruces de la línea del MACD pondrán al trader en el lado correcto del mercado en casi todos los casos, aprovechando la tendencia imperante si el precio continúa moviéndose a su favor.

Posibles estrategias para entradas y salidas a considerar:

- Entrar en una rotura y cierre por encima de la media móvil simple de 200 días, con el stop loss situado en un cierre por debajo de esta. Si comienza una tendencia alcista, el trailing stop puede situarse en un cierre por debajo de la media móvil exponencial de 10 días con un objetivo en el nivel de 65 del RSI en el gráfico diario
- Entrar en una acción cuando rebota sobre la media móvil simple de 50 días. El stop loss situado en un cierre por debajo de esta. El trailing stop en una tendencia se situará en un cierre por debajo de la media móvil exponencial de 10 días. El objetivo, en el nivel 70 del RSI
- Entrar cuando un índice esté en el nivel 34 del RSI pero todavía sobre su media móvil simple de 200 días. El stop loss inicial situado en un cierre por debajo del nivel 30 del RSI
- El trailing stop en un cierre por debajo del mínimo del día anterior. El objetivo, en el nivel 50 del RSI
- Entrar cortos en índices cuando el RSI se eleve al nivel de 51 pero el mercado esté por debajo de su media móvil simple de 200 días

- Situar un stop loss en un cierre sobre el nivel 54 del RSI. El trailing stop en el máximo del día anterior. El objetivo en el nivel 32 del RSI

El tamaño de posición debe ser lo suficientemente pequeño para que, en caso de que vuestro stop loss sea alcanzado, la pérdida suponga un pequeño porcentaje de vuestro capital total de trading. Yo ajusto mi tamaño de posición y coloco los stops de manera que si estos saltan, solo perderé un 1% de mi capital total. Pero si la tendencia se mueve a mi favor, puedo obtener una ganancia de un 3% o más sobre el total de mi cuenta.

El objetivo de este sistema técnico de entradas y salidas es minimizar las pérdidas y maximizar las ganancias. La rentabilidad de vuestro trading será determinada en gran medida por vuestra habilidad para conseguir grandes ganancias cuando estéis en el lado correcto del mercado, y por la manera en que manejéis pequeñas pérdidas cuando estéis en el lado equivocado.

Usad la acción del precio en un mercado para generar señales reactivas basadas en niveles clave de soporte y resistencia. No consideréis vuestras opiniones y predicciones, y centraros en la acción del precio, es lo único que funciona.

Qué hemos aprendido:

- Las medias móviles se pueden usar para generar entradas originando una señal del comienzo de una tendencia, pero las entradas pueden ser maximizadas con osciladores de sobreventa y sobrecompra como el RSI
- Los beneficios deben ser protegidos en cuanto una tendencia se mueva lo suficiente como para desvirtuar el ratio riesgo/beneficio de la posición actual, haciendo que no merezca la pena el riesgo a asumir frente al potencial beneficio remanente.
- Los traders deberían considerar salir de posiciones largas

cuando el RSI se acerque al nivel de 70, y de las cortas cuando se acerque al de 30 en gráficos diarios, en la mayoría de mercados. Esto puede variar en algunos casos, por lo que el backtest y el estudio de gráficos son cruciales
- Un trader puede usar el cruce del MACD como un filtro para confirmar la señal de una rotura de media móvil, y así disminuir la cantidad de operativas aumentado a su vez la precisión de estas
- Un trader puede usar el MACD y el RSI para confirmar las entradas por medias móviles, y como filtros en la creación de sistemas y backtests

PREPARADO PARA LLEVAR TU TRADING AL SIGUIENTE NIVEL?

Únete a cientos de estudiantes de trading en la New Trader University! Nuestros cursos online están pensados especialmente para principiantes en los mercados.

www.NewTraderUniversity.com

Te ha gustado este libro?
Por favor considera escribir sobre él.

Aprende más de nuestros bestsellers:
New Trader Rich Trader (Revised and Updated)
New Trader Rich Trader 2 (Revised and Updated)
50 Moving Average Signals That Beat Buy and Hold
Moving Averages 101
So You Want to be a Trader
New Trader 101
Moving Averages 101

Buy Signals and Sell Signals
Trading Habits
Investing Habits
Calm Trader

www.ingramcontent.com/pod-product-compliance
Lightning Source LLC
Chambersburg PA
CBHW031440210526
45464CB00005B/2281